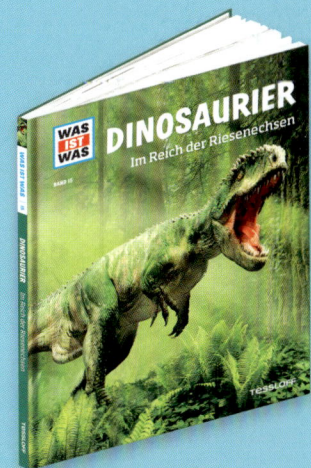

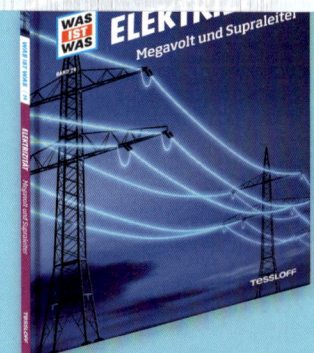

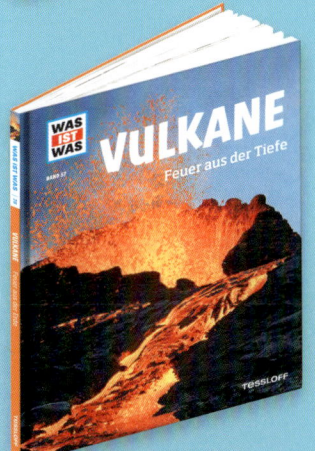
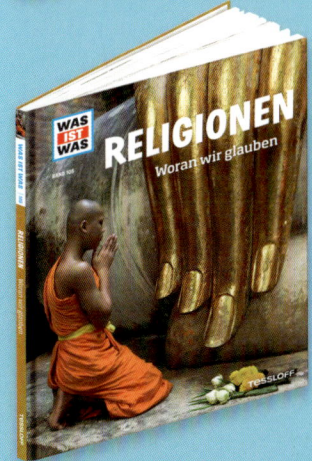
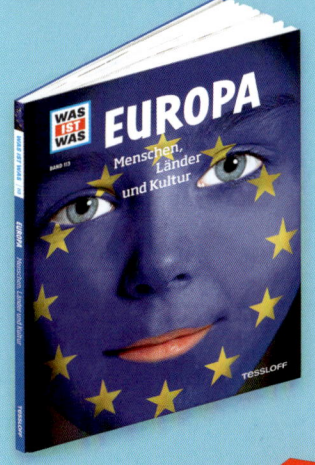

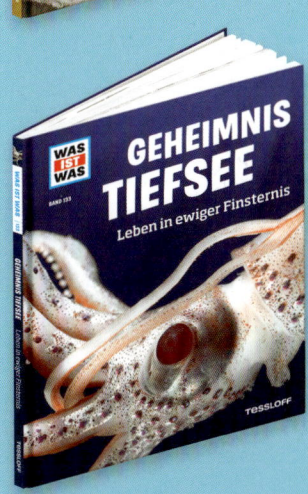

Die Reihe wird fortgesetzt.

➔ **4848 Seiten Wissen!**
Heute schon was Spannendes entdeckt? Tauch ein in die faszinierende Welt von WAS IST WAS …

WAS IST WAS

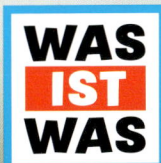

Karin Finan

POLIZEI

Streife, Kripo, SEK

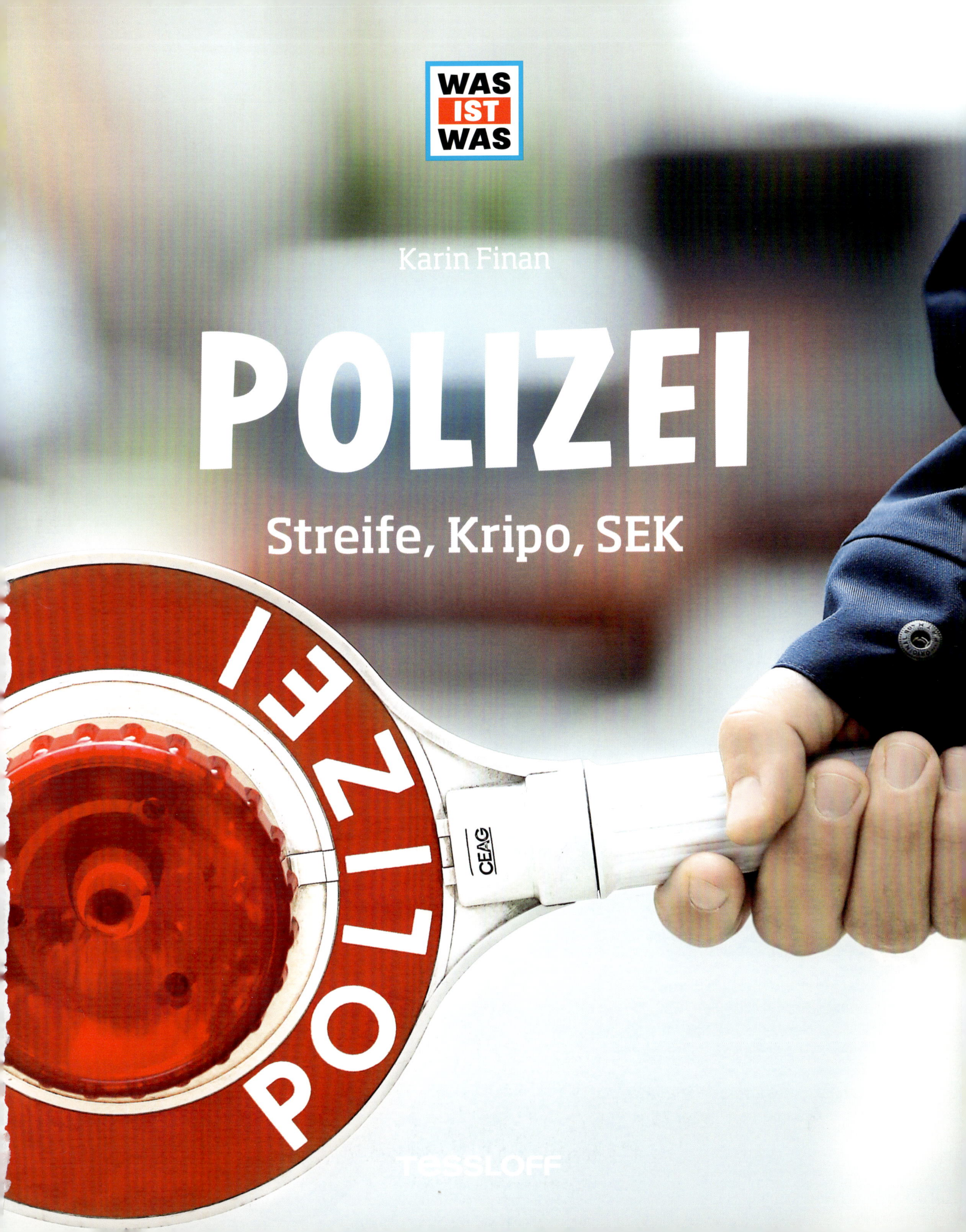

TESSLOFF

Inhaltsverzeichnis

Hier siehst du, wo du bist!

Wo ist was?

Seite **18**

Entdecke, was ein Schutzpolizist alles dabeihat – extragroß und ganz nah!

16 Auf der Wache und auf Streife

16 Vom Notruf bis zum Einsatz
▶ **18 Auf Streife**
20 Unterwegs mit Auto, Rad oder Pferd
▶ **22 Kommissar Rex – der Polizeihund**

Die mit ▶ markierten Seiten könnten dich besonders interessieren!

Täter auf der Flucht! Lies nach, wie die Polizisten am Tatort vorgehen!

Seite **4**

Seite **12**

Dienst im Streifenwagen, na klar. Aber was macht die Polizei noch alles?

4 Polizei in Deutschland

▶ **4 Tatort Einfamilienhaus**
6 Recht statt Rache
8 Polizisten: zwischen Staat und Gesellschaft
10 Polizei und Militär
11 Die Anfänge der Polizei
▶ **12 16 Bundesländer – 16 Polizeien**
14 Das BKA und die Bundespolizei

24 / Polizei – immer vor Ort

24 Wenn ein Unfall geschieht
26 Wenn die Straße zum Tatort wird
▶ **28 Wasserschutzpolizei und Küstenwache**
30 Die Hubschrauberstaffeln der Polizei

Seite **36**
Wer ist der Täter? Begleite die Kripo auf der Suche nach wichtigen Beweisen!

32 / Kripo und SEK

32 Die Ersten am Tatort
34 Wer klärt das Verbrechen auf?
36 Sachbeweise – stumme Tatzeugen
38 Die Aufklärung von Straftaten
▶ **40 Kriseneinsatz: das SEK**
42 Zugriff erfolgt! SEK und Bombenentschärfer

Seite **42**
Üben für den Ernstfall: SEKler sind immer einsatzbereit.

44 / Beruf Polizist

44 Der Weg in den Polizeidienst
▶ **46 Polizisten gibt es überall!**

Seite **47**
Die Mounties in ihren roten Uniformen sind die Polizisten Kanadas.

Seite **46**
FBI und Scotland Yard – Polizisten sind weltweit im Einsatz.

48 / Glossar

Hier findest du die wichtigsten Begriffe kurz erklärt.

Tatort Einfamilienhaus

Ferienzeit. Viele Familien sind verreist. Ihre Häuser stehen leer. Einbrecher haben sich Zugang zu einem frei stehenden Haus verschafft. Ein Nachbar, der gerade aus dem Kino nach Hause kommt, wird auf den Lichtkegel einer Taschenlampe aufmerksam. Er alarmiert sofort über die Notrufnummer 110 die Polizei. Als der erste Streifenwagen wenige Minuten später eintrifft, haben sich die Einbrecher bereits aus dem Staub gemacht. Aber weit können sie nicht sein! Die Schutzpolizei beginnt mit der Tatortarbeit und übergibt dann an den Kriminaldauerdienst. Das Haus ist zum Teil verwüstet – und die Beamten finden Brandbeschleuniger! War hier etwa Brandstiftung geplant? In den letzten Wochen haben sich die Einbrüche in diesem Stadtviertel gehäuft. Anscheinend geht eine Bande planmäßig vor. Der Nachbar liefert eine ungefähre Beschreibung der geflüchteten Täter. Diese gibt ein Beamter per Funk an die Einsatzleitstelle durch, die eine Sofortfahndung auslöst. Der Tatort wird abgesperrt, Spuren werden gesichert, Zeugen werden befragt und die Geschädigten werden verständigt. Von der Vermisstensuche bis zur Verfolgung von Straftaten: Die Polizei ist verpflichtet zu handeln!

Blaulicht und Martinshorn zusammen schaffen Sonderrechte im Verkehr.

Der Polizeifunk ist verschlüsselt, damit er nicht abgehört werden kann. Seit 2011 wird in allen Bundesländern der digitale Polizeifunk eingerichtet.

Recht statt Rache

Das Grundgesetz der Bundesrepublik Deutschland beschreibt die Regeln für unser Zusammenleben in Deutschland – und auch die Rechte, die jeder Einzelne von uns hat:
▶ Jeder hat das Recht auf Leben und körperliche Unversehrtheit. Die Freiheit der Person ist unverletzlich.

Man darf also nicht in die Freiheit einer Person eingreifen, wenn diese Person nicht gegen ein Gesetz verstoßen hat. Niemand darf einfach so verhaftet werden. Dafür muss immer eine Straftat oder ein begründeter Verdacht vorliegen.

Wer hat hier die Macht?

Die Bundesrepublik Deutschland ist ein demokratischer Staat. Das heißt, dass alle Macht vom Volk, also von den Bürgern ausgeht. Das Volk wählt Abgeordnete in das Parlament. Aufgabe der Abgeordneten ist es, neue Gesetze zu beschließen. So kann jeder Bürger indirekt Einfluss nehmen, indem er den Abgeordneten wählt, dem er die richtigen Entscheidungen zutraut. Andererseits darf kein Bürger und keine Bürgerin eigene Wünsche und Ziele mit Gewalt durchsetzen. Denn: Das sogenannte Gewaltmonopol hat der Staat. Nur der Staat darf Gewalt ausüben. Die Bürger übertragen also die Durchsetzung ihrer Rechte an die Gerichte beziehungsweise an die Polizei. So werden unversöhnliche Streitigkeiten immer durch Unparteiische geregelt, die auf keiner der beiden Seiten stehen: durch die Polizei und vor Gericht. Selbstjustiz und Rache sind nicht erlaubt. Weil sich niemand selbst rächen darf, können wir in Sicherheit und ohne Angst leben. Auch innerhalb der Familie, in die sich der Staat nicht einmischen darf, darf keine Gewalt angewendet werden. Das schützt vor allem Frauen und Kinder, also die Schwächeren. Eine Ausnahme gibt es aber: Notwehr. Ein Bürger hat in diesem Fall das Recht, Gewalt anzuwenden: Er darf sich wehren, wenn er angegriffen wird.

Was bedeutet Gewaltenteilung?

Der Staat hat das alleinige Recht, Gewalt auszuüben. Aber was bedeutet das genau? Die Gewalt des Staates ist in einem demokratischen Staat wie der Bundesrepublik Deutschland in drei Bereiche unterteilt:
▶ Legislative,
▶ Judikative und
▶ Exekutive.

Die Legislative übernimmt die Gesetzgebung. Die Aufgabe der Judikative ist es, Recht zu sprechen. Und die Exekutive sorgt für die Einhaltung und Durchsetzung der Gesetze.

Um sicherzugehen, dass der Staat nicht willkürlich handeln kann, gibt es diese sogenannte Gewaltenteilung. Denn die drei Gewalten Legislative, Judikative und Exekutive haben die Aufgabe, sich gegenseitig zu überwachen und im Notfall auszubremsen. Die Exekutive sorgt zwar für die Einhaltung der Gesetze – sie ist aber wiederum an die Gesetze gebunden, die die Legislative beschlossen hat. Die Judikative wacht dagegen darüber, dass das Handeln der Exekutive stets im Einklang mit den Gesetzen und der Verfassung steht.

Am Dienstabzeichen kannst du erkennen, welchen Grad ein Polizist hat.

Landespolizeipräsident

Inspekteur der Polizei

Polizeipräsident

Leitender Polizeidirektor

Polizeirat

Legislative
Bundestag und Bundesrat erlassen, also beschließen die Gesetze, die in Deutschland gültig sind.

Exekutive
Die Polizei ist Teil der Exekutive. Mit Bundesregierung und Behörden sorgt sie für die Einhaltung der Gesetze.

Judikative
Das Bundesverfassungsgericht ist das höchste Gericht in Deutschland. Es spricht Recht.

Die Polizei muss auch in unübersichtlichen Situationen den Überblick behalten. Dazu ist gute Organisation wichtig.

Warum gibt es keine »freiwillige Polizei«?

In der Polizei wird das Gewaltmonopol des Staates greifbar, denn sie allein besitzt das Recht, unmittelbaren körperlichen Zwang anzuwenden, indem sie zum Beispiel jemanden verhaftet. Wichtig ist hier der Grundsatz der Verhältnismäßigkeit: Eine polizeiliche Maßnahme muss immer erforderlich und angemessen sein. Weil die Polizei die Staatsmacht verkörpert, kann es auch nicht wie bei der Feuerwehr eine »freiwillige Polizei« und eine »Berufspolizei« geben. Denn alle Polizisten handeln im Auftrag des Staates.

Die Aufgaben und Befugnisse der Polizei regelt das Polizeirecht. Die Hauptaufgaben sind: öffentliche Sicherheit und Ordnung bewahren, den Straßenverkehr überwachen, Straftaten erforschen und verfolgen. Eine weitere Aufgabe der Polizei ist die Gefahrenabwehr. Die Polizei darf aber nie ohne gesetzliche Ermächtigung in die Freiheiten und Rechte der Bürger eingreifen.

Das kleine Wappen auf der Dienstmütze zeigt, aus welchem Bundesland ein Polizist kommt.

Konflikte sollten immer beruhigt und geklärt werden. Gewalt darf erst das letzte Mittel sein.

Ausweispflicht – auch für die Polizei!

Polizisten: zwischen Staat und Gesellschaft

Klar, die Polizei besteht aus Polizeibeamten, die einfach ganz normale Menschen sind. Sie erlernen in der Polizeiausbildung zwar, wie sie ihre Rolle zwischen Staat und Gesellschaft im Sinne der Verfassung und bürgernah ausfüllen. Aber jeder Polizist braucht auch ein großes Maß an Verantwortungsgefühl, um in brenzligen Situationen die richtigen Entscheidungen treffen zu können. Und auch das muss geübt werden! Auf dem Lehrplan für angehende Polizisten und Polizistinnen stehen daher neben einer langen Liste theoretischer Fächer (Rechtskunde, Politische Bildung, Sozialwissenschaften, Funktechnik, Kriminalistik, Englisch, Waffenkunde, Polizeidienstkunde) auch solche Inhalte. Dazu kommen dann noch die praktischen Fächer Einsatztraining, Selbstverteidigung, Erste Hilfe, Schießen, Fahren und Dienstsport.

Mitten unter uns

Besonders wichtig ist die Verständigung zwischen Polizeibeamten und Bürgern. Vor allem der Umgang mit älteren Menschen, mit Menschen aus anderen Kulturen oder mit kranken Menschen verlangt von den Beamten viel Einfühlungsvermögen. Die Polizisten werden auch darin ausgebildet, Konflikte möglichst mit Worten zu lösen, nicht mit Gewalt. Die Polizei braucht das Vertrauen der Bevölkerung, damit sie im Alltag als Helfer, Berater und staatliche Autorität angenommen wird. Die Bürger sollen das Gefühl haben, dass die Polizei sie beschützt, und sich nicht bedroht fühlen. Entsprechend wichtig ist die Öffentlichkeitsarbeit der Polizei. Sie berichtet zum Beispiel über Erfolge bei der Aufklärung von Straftaten. Um die Arbeit der Polizei bekannt zu machen, unterstützt sie auch Fernsehkrimi-Produktionen und beantwortet Anfragen von Medien. Besonders wichtig sind auch Infoveranstaltungen, bei denen zum Beispiel über Trickdiebe aufgeklärt wird. Je weniger Verbrechen geschehen, desto besser ist es schließlich! Auch um die Kinder- und Jugendarbeit kümmert sich die Polizei, vor allem bei der Verkehrserziehung.

Wer kontrolliert die Polizei?

Eine schwierige Frage! Polizisten sind Menschen und Menschen können Fehler machen. Deshalb muss auch jemand die Polizei überwachen. Eine unabhängige Behörde gibt es dafür in Deutschland nicht. Aber innerhalb der Polizei gibt es verschiedene Dezernate, also Abteilungen für

➡ **Rekord 60 %**

der Bürger in Bayern sind mit der Arbeit der Polizei sehr zufrieden. In Berlin sind es nur 30 %.

Auch Bürgernähe gehört zu den Aufgaben eines Polizisten.

Nachwuchsarbeit steht ganz weit oben auf dem Programm der Polizeien und Ministerien.

interne Ermittlungen. Hier werden Fälle untersucht, bei denen einzelne Beamte auf die schiefe Bahn geraten sind. Wer mit einer Maßnahme eines Polizisten nicht einverstanden ist oder sich ungerecht behandelt fühlt, kann bei dessen Dienstherrn Beschwerde einlegen. Außerdem kann man Strafanzeige erstatten oder eine Klage einreichen. Im Jahr 2010 kam es in Nordrhein-Westfalen bei 1 434 Ermittlungsverfahren gegen Polizeibeamte in 17 Fällen zu Verurteilungen. In Fällen von großer gesellschaftlicher und politischer Tragweite bildet das Parlament einen unabhängigen Ausschuss, der das Vorgehen untersucht. Ein Beispiel dafür ist der NSU-Untersuchungsausschuss, der im Januar 2012 eingesetzt wurde. Er arbeitet die Ermittlungsfehler von Polizeibehörden und Verfassungsschutz bei der Aufklärung dieser terroristischen Mordserie auf. Die Medien werden oft als vierte Gewalt im Staat bezeichnet. Journalisten berichten über die Polizeiarbeit und machen sie für die Öffentlichkeit so transparent wie möglich. Auch Bürgerrechtsgruppen wie Amnesty International setzen sich dafür ein, dass alle Menschen fair behandelt werden und niemand zum Beispiel aufgrund seiner Hautfarbe schärfer kontrolliert wird als seine Mitmenschen.

Was ist ein Polizeistaat?

Wenn Verwaltung und Polizei ohne gesetzliche Grundlage handeln und sich für ihr Handeln nicht rechtfertigen müssen, spricht man von einem Polizeistaat. In einem Polizeistaat sind die Freiheiten der Bürger stark eingeschränkt und alles und jeder wird überall um der Sicherheit willen überwacht. Auch der private Bereich ist davon nicht ausgenommen.

Der Verkehrserzieher
ist ein besonders ausgebildeter Polizist.

▶ Schon gewusst?

Verkehrserziehung in der Schule gibt es schon seit 1972. Sie steht fest auf deinem Lehrplan, denn als Schulkind nimmst du durch den Schulweg aktiv am Verkehr teil. Ob auf dem Rad oder zu Fuß – Kinder sind die schwächsten Verkehrsteilnehmer. Richtiges Verhalten ist der beste Schutz.

Polizei in Deutschland

Polizei und Militär

Militär und Polizei: Beide sind bewaffnet und gehören zur Exekutive eines Staates. Auch bei der Ausrüstung und der Organisation gibt es Ähnlichkeiten zwischen beiden. Das Militär richtet jedoch zum Schutz des eigenen Staates Gewalt nach außen gegen andere Staaten. Der Gegner soll dadurch geschädigt oder sogar vernichtet werden. Das Militär schreckt Angreifer ab und führt im Verteidigungsfall auch Krieg. Die Polizei ist dagegen als Ordnungshüterin für die innere Sicherheit zuständig und verfolgt Straftäter. Sie übt Gewalt möglichst dosiert aus, um Gegner oder Gefährder unter Kontrolle zu bringen. Während das Militär dem Verteidigungsministerium der Bundesrepublik Deutschland untersteht, ist die Polizei dem Innenministerium des jeweiligen Bundeslandes unterstellt. Wir haben also eine Bundeswehr und 16 Länderpolizeien, die sich gegenseitig unterstützen. Bei Katastrophen wie Hochwassern darf die Bundeswehr auch im Inneren eingesetzt werden.

Die Luftwaffe hat große Transportflugzeuge, die Polizeien dagegen Hubschrauber.

Unglaublich!

Die westdeutsche Bundeswehr wurde im November 1955 gegründet, die Nationale Volksarmee der DDR rund zwei Monate später. 101 Freiwillige zählte die Bundeswehr am Tag eins. Und heute? Heute sind rund 250 000 Soldaten und Soldatinnen im Dienst.

Die Anfänge der Polizei

Das Polizeimofa mit Beiwagen von 1955 verlangte vom diensthabenden Schäferhund eiserne Nerven.

Die Bedeutung und der Inhalt des Begriffs »Polizei« haben sich im Lauf der Geschichte verändert. Ursprünglich stammt das Wort »pólis« aus der Philosophie der griechischen Antike. Es bedeutet »Stadt, Bürgerschaft, Staat«.

Seit wann gibt es die Polizei?

Im demokratischen Stadtstaat Athen hüteten nicht die griechischen Bürger die öffentliche Ordnung, sondern 1 000 skythische Sklaven. Sie schritten bei Prügeleien ein und hielten Nachtwache. Rund 2 000 Jahre später wurde das Wort »Polizei« zum ersten Mal in Deutschland verwendet: 1495 erscheint es in der Reichsregimentordnung. Mit dem Begriff »polizey« bezeichnete man einen Zustand guter Ordnung im Gemeinwesen, nicht wie heute eine Behörde. Die Bürger oder Untertanen sollten gottgefällig leben. Dazu nahm man sich vor, das Fluchen, die Völlerei, Ehebruch und Kuppelei, das Verfälschen von Lebensmitteln, Wucher und Bettelei einzudämmen. Standesgemäße Kleidung, Bücherzensur und Gehorsam gegenüber der Herrschaft sollten dagegen gefördert werden. Stadtknechte und Häscher setzten die Regeln der »guten Ordnung« durch. Im Zeitalter der Monarchien um 1700 gab es keine Gewaltenteilung, dafür aber sehr viel Polizei zur »Beförderung der allgemeinen Wohlfahrt«. Die Landesherren gingen nämlich davon aus, dass das, was für den Staat gut ist, auch für jeden Einzelnen gut ist. Die Polizei war ein Mittel, die Untertanen in allen Lebensbereichen zu überwachen. Um bürgerliche Revolutionen wie in Frankreich 1789 zu verhindern, setzten deutsche Fürsten und die österreichische Monarchie intensiv Polizei ein. Man spricht noch heute vom Polizei- und Spitzelstaat des Fürsten Metternich. Im nationalsozialistischen Staat 1933–1945 entstand die Geheime Staatspolizei (Gestapo), die politische Gegner der NS-Diktatur bespitzelte, verfolgte und ermordete. Sie wird seit dem Kriegsende als verbrecherische Organisation eingestuft.

Verkehrspolizistin im Einsatz

Dieses Einsatzfahrzeug von 1928 erlaubte den fünf Schupos blitzschnelles Auf- und Absteigen.

Polizei in Deutschland

16 Bundesländer – 16 Polizeien

Polizei ist Ländersache. Sowohl die Gesetze für die Polizei als auch der Aufbau der Behörden können in jedem Bundesland ein bisschen anders sein. Die 16 Bundesländer arbeiten jedoch eng zusammen und stimmen sich in wichtigen Polizeifragen untereinander ab. Schließlich macht ein Straftäter nicht unbedingt an der Landesgrenze halt. Der Chef der Polizei ist in jedem Bundesland der jeweilige Innenminister. Er trägt die politische Verantwortung für das, was in der Polizei seines Bundeslandes geschieht.

Landespolizeipräsidium
Es ist die oberste Polizeibehörde eines Bundeslandes. Ihm unterstehen:

Landeskriminalamt (LKA)
Das LKA ermittelt in besonders schweren Fällen, unterstützt die Polizeiarbeit technisch und bündelt Informationen.

Präsidium der Bereitschaftspolizei
Es unterstützt die Landespolizei bei Großeinsätzen und in besonderen Lagen.

Landespolizeidirektionen
In manchen Bundesländern werden sie auch Polizeipräsidien genannt. Sie sind für eine große Stadt oder einen Kreis verantwortlich. Posten und Reviere sind die kleinsten Einheiten.

Die Karte zeigt die ungefähre Zahl der Polizisten in den 16 deutschen Bundesländern. Im Jahr 2013 gab es insgesamt rund 221 500 Polizeibeamte.

In so einem Streifenwagen der bayerischen Polizei sind Schutzpolizisten unterwegs. Der Polizeistern auf der Hintertür verrät das jeweilige Bundesland.

Die Kriminalpolizei (KriPo)

- trägt keine Uniform, sondern Zivilkleidung
- auf Vorbeugung und Verfolgung von Verbrechen und Vergehen spezialisiert
- ermittelt bei Kapitaldelikten (Tötung, Brandstiftung, Raub, Erpressung), Bandenkriminalität, organisierte Kriminalität (Drogen, Glücksspiel, Falschgeld), Einbruch und Diebstahl
- sucht Vermisste
- organisiert den Kriminaldauerdienst

Die Schutzpolizei (SchuPo)

- trägt im Dienst Polizeiuniform
- hält die öffentliche Sicherheit und Ordnung in ihrem Revier aufrecht
- fährt Streife
- setzt sich für die Verbrechensvorbeugung ein

Die Verkehrspolizei

- gehört zur Schutzpolizei
- trägt Uniform und Sicherheitsweste
- überwacht den fließenden und ruhenden Verkehr sowie Fahrzeuge, Fahrer und Beladung von Fahrzeugen
- führt Verkehrskontrollen durch
- verfolgt Verkehrsstraftaten und Ordnungswidrigkeiten
- nimmt Unfälle auf und bearbeitet sie
- regelt den Verkehr
- begleitet Staatsgäste mit Eskorten
- begleitet gefährliche Schwertransporte
- kümmert sich um die Verkehrserziehung

Die Wasserschutzpolizei (WaPo)

- trägt Uniform
- gibt es in 15 Bundesländern, nur nicht in Thüringen
- verhütet Kriminalität in der Schifffahrt
- überwacht den Umweltschutz und die Verkehrssicherheit auf dem Wasser
- wehrt Gefahren für den Schiffsverkehr ab
- überprüft Schiffspapiere, Papiere der Besatzungen, Kennzeichnung der Wasserfahrzeuge
- vertritt in Seehäfen die Ausländerbehörde

Die Bereitschaftspolizei (BePo)

- militärähnlich ausgerüstet
- zum Teil in Kasernen untergebracht
- tritt in großen Teams in Aktion
- unterstützt die Schutzpolizei bei Großeinsätzen wie Naturkatastrophen, Fußballspielen, Konzerten oder Demonstrationen

Das BKA und die Bundespolizei

Als Bundesbehörde trägt das Schild des BKA das Wappentier der Republik, den Bundesadler.

Computer wissen nicht alles. Zehntausende Papierakten bewahren die Einzelheiten zu älteren Kriminalfällen und zu Personen auf.

Die 16 deutschen Bundesländer organisieren ihre Polizeiarbeit selbst. Es gibt aber auch Polizeien, die für ganz Deutschland zuständig sind: das Bundeskriminalamt (BKA), die Bundespolizei und die Polizei beim Deutschen Bundestag.

Was macht das BKA?

Das Bundeskriminalamt (BKA) kümmert sich gemeinsam mit den Landeskriminalämtern (LKA) um die Bekämpfung von Verbrechen. Im BKA landen alle wichtigen Meldungen über Straftaten und Straftäter, die über die Grenzen der Bundesländer hinaus bedeutend sind. Sie werden dem BKA übermittelt und dort zentral gespeichert. Reichen kriminelle Taten bis ins Ausland, dann stimmt das BKA die Ermittlungen mit den ausländischen Polizeibehörden ab. Manchmal ermittelt das BKA auch selbst. Außerdem ist das BKA für den Schutz von Bundesverfassungsgericht, Regierung, Bundespräsident, Bundesrat und Bundestag zuständig. Und das BKA vertritt Deutschland bei Interpol.

Die BKA-Zentrale befindet sich in Wiesbaden. Meistens beschäftigt sich das BKA mit organisierter Kriminalität, Drogenhandel, Internetkriminalität und Terrorismusbekämpfung. Die Kriminalität verändert sich ständig und erschließt neue Felder und Techniken; dementsprechend muss auch das BKA seine Arbeitsweisen und seine Technikausrüstung immer wieder weiterentwickeln. Das angegliederte Kriminaltechnische Institut (KTI) kann daher mit modernster Technik Beweise aus gesicherten Spuren herauslesen. Etwa 300 Biologen, Chemiker, Physiker, Ingenieure, Psychologen und Elektroniker sind dort tätig – und sogar Experten, die Schriften, Stimmen und Sprechweisen analysieren.

Polizei beim Deutschen Bundestag

170 Polizisten bewachen den Deutschen Bundestag. Rund um den Bundestag hat der Bundestagspräsident die Polizeigewalt; deshalb ist die Landespolizei von Berlin hier nicht zuständig. Der Bundestag ist damit ein eigener Polizeibezirk. Die Polizisten sind für alle Gebäude, Räume und Grundstücke zuständig, die zum Bundestag gehören.

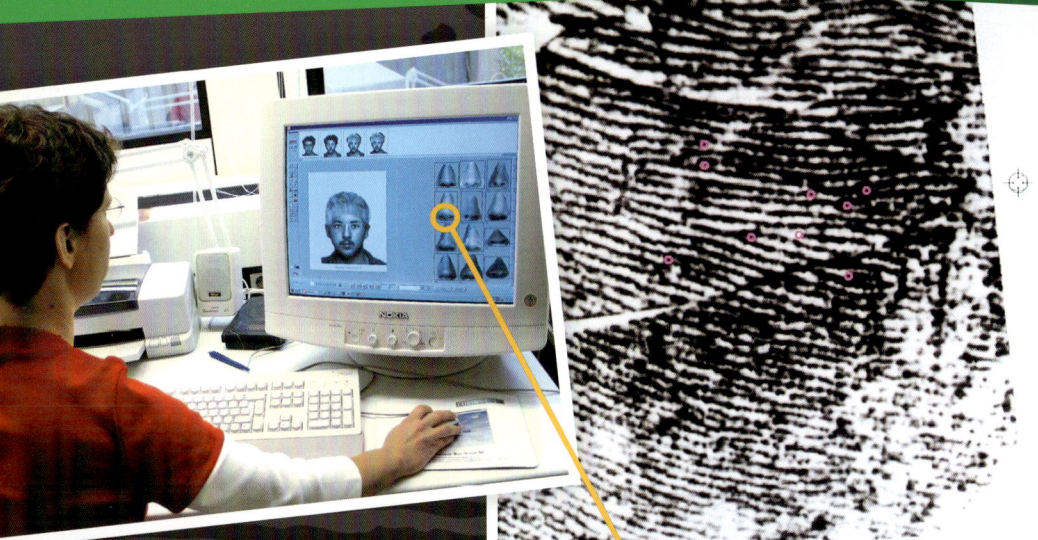

Verbrecher gesucht!
Aufgrund von Zeugenaussagen kann ein Phantombild aus einzelnen Gesichtsteilen erstellt werden.

Fingerabdrücke
Das einzigartige Linienmuster an den Fingerkuppen beweist die Identität eines Menschen.

Alle Spuren und Beweismittel müssen mit größter Sorgfalt aufgenommen und verzeichnet werden.

Die Kennzeichenschlüssel der Bundespolizei:
- 10 bis 12: Motorräder
- 15 bis 19: Personenkraftwagen
- 20 bis 24: Geländefähige Personenkraftwagen
- 25 bis 29: Personenkraftwagen
- 30 bis 39: Mittlere geländefähige Personenkraftwagen und Lastkraftwagen
- 40 bis 49: Fahrzeuge auf einem Lkw-Fahrgestell und Omnibusse
- 50 bis 54: Geschützte Sonderwagen
- 55 bis 56: Anhänger

BP 26-113

Personenkraftwagen

Die Bundespolizei (BPol)
Mit 41 000 Bediensteten ist die Bundespolizei die größte Polizei der Bundesrepublik. Bis 2005 hieß sie Bundesgrenzschutz. Die Bundespolizei prüft an den Grenzen die Papiere von Reisenden – um Kriminellen und Attentätern auf die Spur zu kommen! Sie schützt außerdem den Luftverkehr vor Angriffen und hilft bei Katastrophen. Als Bahnpolizei dämmt die BPol auch die Gewalt im Fußballreiseverkehr ein. Bundespolizisten sind viel unterwegs. Entsprechend robust und umfangreich ist der Fuhrpark ihrer Behörde. Er schließt Omnibusse und Motorräder ebenso ein wie Geländewagen und Laster. BPol-Fahrzeuge haben ein eigenes Kennzeichen: »BP XX-XXX«. Das BP steht für Bundespolizei. Die erste Zahl ist der Schlüssel für die Art des Fahrzeugs.

➡ Rekord
3 757 km
Grenze bewacht die Bundespolizei in Deutschland zu Land, zu Wasser und in der Luft. Eine umfangreiche Aufgabe!

Auf der Wache und auf Streife

Vom Notruf bis zum Einsatz

110 lautet die **Notrufnummer** der Polizei in ganz Deutschland.

Auf der Polizeiwache ist einiges los: Hier haben die Schutzpolizisten des Reviers ihre Büros. Und hier parken sie auch die Fahrzeuge, die gerade nicht gebraucht werden. Wie in jeder Behörde wird auch auf einer Polizeiwache vieles schriftlich festgehalten. Ein großer Teil der Polizeiarbeit ist Büroarbeit. In der Wache hängen Fahndungsplakate aus und Broschüren und Infoblätter liegen zum Mitnehmen bereit. Hilfesuchende können hier persönlich mit einem Beamten sprechen. Eine Zelle für Verhaftete gibt es auch. Die Polizisten können sich in einer Teeküche verpflegen; schließlich arbeiten sie oft die ganze Nacht durch. Wenn die Schupos ihre Pistolen nicht mit sich führen, dann sperren sie diese in einem Raum der Wache in sichere Schließfächer ein – bis zur nächsten Streifenfahrt.

Ein Notruf geht ein

Überall in Deutschland alarmiert man die Polizei über die Notrufnummer 110. In modernen Polizeileitstellen, die rund um die Uhr besetzt sind, können die Beamten erkennen, wer auf der 110 anruft. Jede Nummer erscheint auf den Bildschirmen der Leitstellen-Telefoncomputer – auch solche, deren Anzeige unterdrückt wurde. »Spaßvögel« bleiben also nicht unerkannt. Und der Missbrauch von Notrufeinrichtungen ist strafbar.

Leitstelle und Polizeirevier sitzen nicht immer im selben Gebäude.

Alles im Blick – Straßen, Bebauung, Maßnahmenkatalog.

Was passiert in der Leitstelle?

Eine dringende Meldung erreicht die Leitstelle: Auf der Hauptstraße gab es vor wenigen Minuten einen schweren Verkehrsunfall mit Verletzten. Schnelles Reagieren ist lebenswichtig. Der Berufsverkehr ist lahmgelegt. Eine Umleitung muss geschaffen werden. Der Leitstellenbeamte fragt gezielt nach Einzelheiten, um sich einen Überblick über die Lage zu verschaffen. Er sitzt vor einer Computerstation. Der Rechner hat die Maßnahmen für Hunderte verschiedene Einsätze gespeichert, die er automatisch vorschlägt. Jede Einsatzart hat eine Bedeutungsstufe zwischen eins und fünf – ein schwerer Verkehrsunfall mit verletzten Personen auf einer wichtigen Straße hat Vorrang vor einem kleinen Ladendiebstahl. Der Computer informiert den Beamten darüber, welche seiner Kollegen sich gerade in der Nähe des Unfallorts aufhalten. Denn sämtliche Streifenwagen sind mit dem zentralen System verbunden. Per Funk schickt er sie zusammen mit Rettungswagen und Feuerwehr zur Hauptstraße. Während die Fahrzeuge unterwegs sind, sieht sich der Leitstellenbeamte die Umgebung des Unfallorts genauer an. Straßennetze, Gebäudegrundrisse und Stadtpläne stehen auf dem Computer zum Abruf bereit. Mit diesen Informationen kann der Beamte den Einsatz vorbereiten und die richtigen Anweisungen geben.

Ein Schaltpult mit seinen vielen Knöpfen macht natürlich mehr Spaß als eine Computertastatur. Moderne Leitstellen sind komplett digital ausgerüstet und verknüpft.

Was ist eine Anzeige?

Auf der Polizeiwache kann jeder Bürger eine Anzeige erstatten. Wer eine Straftat anzeigt, übergibt den Beamten einen wichtigen Hinweis. Anzeige kann jeder schriftlich oder mündlich erstatten – auch Kinder. In elf Bundesländern ist es auch online möglich. Die Polizei ist verpflichtet, allen Angaben schnell und gewissenhaft nachzugehen. Deshalb ist es wichtig, genau zu beschreiben, was wann wo passiert ist. Die Anzeige von Mord, Raub und Geiselnahmen ist für jeden Bürger Pflicht.

Vier Monitore zeigen den Einsatzort, wichtige Datenabfragen, die Liste der aktuellen Einsätze und die Bedienung von Telefon und Funk.

Handschellen
Wird ein schweres Vergehen wie Körperverletzung angezeigt, dann kann die Polizei auch von den Handschellen Gebrauch machen.

➡ Rekord
1 300 000

Notrufe nimmt die Einsatzleitstelle der Berliner Polizei jedes Jahr entgegen.

Auf der Wache und auf Streife

Schirmmütze
mit Polizeistern und Wappen des Bundeslandes. Hier ist ein Bundespolizist zu sehen, wie der Bundesadler verrät.

Dunkelblaue Windjacke
aus robustem Material mit Rangabzeichen auf den Schulterklappen. Hier die Sommerjacke.

Digitales Handfunkgerät
für den Kontakt zur Einsatzzentrale

Gürtel
An ihm wird die Ausrüstung befestigt: LED-Taschenlampe und Latexhandschuhe gehören dazu.

Aufnäher
Der reflektierende Schriftzug macht den Beamten gut erkennbar.

Auf Streife

Schutzpolizisten sind meistens als Erste am Einsatzort. Im Schichtdienst nehmen sie Tag und Nacht Verkehrsunfälle auf oder verfolgen kleine und mittlere Straftaten, wie zum Beispiel Hausfriedensbruch und Diebstahl. Sie regeln und überwachen den Straßenverkehr und werden bei häuslicher Gewalt zu Hilfe gerufen. Ein großer Teil der Polizeiarbeit findet auf der Straße statt. Daher müssen die Fahndungsdaten auch im Streifenfahrzeug verfügbar sein, damit die Beamten sie vor Ort abfragen können. Sogenannte PDAs, kleine mobile Computer, liefern diese Auskünfte – der Streifenwagen entwickelt sich immer mehr zum mobilen Revier. An Bord eines modernen Streifenwagens befinden sich digitale Sprechfunkanlagen und oft auch Videokameras, die Einsätze aufzeichnen. Dazu kommen eine Lautsprecheranlage für öffentliche Durchsagen und die Utensilien für die Unfallaufnahme: Erste-Hilfe-Koffer, Warnweste, Handkelle, Kreide, Signallampen, Fotoapparate, Messrad, Besen und Absperrband.

Schlagstock
aus Gummi, Hartplastik, Holz oder Metall zur Eigensicherung

↑ Puh!
1,3 kg
wiegt die Schutzweste aus kugelsicherem Kevlar, die auch Messerstichen standhält.

Um Randalierer, Räuber und Gewalttäter festzunehmen und sich selbst zu schützen, haben Polizisten Handschellen dabei. Wegen ihrer Form haben Handschellen den Spitznamen »Acht«.

Dienstwaffe und Pfefferspray
Die Dienstwaffe steckt in einem verschließbaren Gürtelholster. Es gibt auch Schulter- und Beinholster. Pfefferspray enthält den Wirkstoff der Chilischoten. Es brennt fürchterlich auf Haut und Augen.

Digitale BOS-Funkkonsole im Streifenwagen. BOS steht für Behörden und Organisationen mit Sicherheitsaufgaben.

Angeberwissen
▶ Der Ausdruck »Streife« kommt nicht etwa von dem grünen oder blauen Streifen auf den Polizeifahrzeugen. Es bedeutet das Begehen, Befahren oder Überfliegen eines Bereichs.

Unterwegs mit Auto, Rad oder Pferd

Polizeipferde geben den Beamten Übersicht. Sie können sich im Gelände oder in Parks besser bewegen als Autos. Pferde machen Eindruck und stiften Sympathie bei den Bürgern.

→ **Rekord**
32 Pferde hat die größte Reiterstaffel in Deutschland. Sie hat ihren Sitz in Hannover.

Über das Funkgerät werden die Polizisten über ihre Einsätze informiert.

Einen großen Teil ihrer Arbeitszeit verbringen die Schutzpolizisten mit dem Streifendienst. Fußstreifen und Funkwagenstreifen hast du bestimmt schon einmal gesehen. Aber es gibt auch Motorradstreifen und sogar Fahrradstreifen. Die Schutzpolizisten überwachen öffentliche Straßen und Plätze und reagieren auf Funksprüche aus der Leitstelle. Die Fahrradstreifen sind besonders leise und beweglich in Fußgängerzonen, Wohngebieten und Parks unterwegs. Sie werden häufiger von Bürgern angesprochen als ihre Kollegen im Streifenwagen – es ist ja auch viel einfacher!

Eine ganz normale Frühschicht

So könnten die ersten Stunden einer Frühschicht im Streifenwagen in einer größeren Stadt aussehen:

▶ 5.30 Uhr: Dienstbeginn. Die beiden Beamten nehmen Dienstwaffe und Munition aus den getrennten Schließfächern. Sie legen ihre Schutzwesten an und machen den Streifenwagen startklar.

▶ 6.15 Uhr: Eine junge Mutter befürchtet, einen Eindringling im Haus zu haben. Die Polizei wird aber nicht fündig.

▶ 7.10 Uhr: Zweiter Funkspruch: Eine Anzeige wegen Nötigung. Ein Nachbar hat die Garagenausfahrt des anderen absicht-

Ob Fahrrad oder Auto: Die Polizei muss schnell und wendig sein, um rasch helfen und eingreifen zu können. Auch bei Verfolgungen ist Geschwindigkeit der entscheidende Vorteil.

Dekorativ und sicher: Eine Motorradstaffel fährt dem Wagen eines hohen Staatsgastes in Formation voran.

Das Blaulicht

heißt auch Rundumkennleuchte, weil es blinkendes Licht im Kreis ausstrahlt. Dazu dreht sich ein Hohlspiegel um die Glühlampe. Blaulicht warnt die anderen Verkehrsteilnehmer bei Einsätzen.

lich zugeparkt. Harmlos? Als der Streifenwagen in der Wohngegend eintrifft, haben sich die Schreiereien zu Tätlichkeiten aufgeschaukelt. Die Beamten beruhigen die Streithähne zunächst und nehmen dann den Sachverhalt auf.

▶ 8.30 Uhr: Im Vorbeifahren sehen die Beamten eine Person in einem Ladeneingang liegen. Es ist ein Obdachloser. Die Beamten überprüfen seine Personalien. Sein Gesundheitszustand ist schlecht, aber er lehnt medizinische Behandlung durch den Rettungsdienst ab. Die Polizisten sprechen einen Platzverweis aus.

▶ 10.10 Uhr: Dritter Funkspruch: VU ohne in der Wörthstraße – ein Verkehrsunfall ohne Verletzte. Der Streifenwagen rückt mit Blaulicht an. Die Polizisten nehmen die Personalien der Beteiligten auf und dokumentieren den Unfall schriftlich und mit Fotos. Nach den Aufräumarbeiten wird der Verkehr wieder freigegeben.

▶ 11.20 Uhr: Rückfahrt zum Revier: Schutzkleidung und Waffe können abgelegt werden. Nun schreiben die Polizisten auf, was sich auf der Streifenfahrt ereignet hat.

Kommissar Rex – der Polizeihund

Der berühmteste Polizeihund aller Zeiten heißt Rex. Er kommt ursprünglich aus Österreich und ist von Beruf Schauspieler. Seine Leibspeise sind Wurstsemmeln. Kommissar Rex ist weltweit beliebt. In Vietnam heißt er zum Beispiel »Rex, chú chó thám tú« (Rex, der Hundeinspektor). Die echten Kollegen von Kommissar Rex machen ihrem Beruf als Schutzhunde oder als Spürhunde alle Ehre. Sie sind Spezialisten für Fährten-, Rauschgift-, Sprengstoff- oder Vermisstensuche.

Der Hund nimmt bei seiner Suche den Eigengeruch eines Vermissten aus der Kleidung der Person auf.

Meisterschnauzen und gespitzte Ohren

Die Nasenschleimhaut eines Hundes hat 200 bis 250 Millionen Riechzellen. Der Mensch hat nur etwa fünf Millionen. Mithilfe von speziellen Sinneszellen am Gaumen können Hunde Gerüche »schmecken«. Sie können einzelne Bestandteile eines Duftes unterscheiden und sich diese auch merken. Hunde riechen also in Stereo, können links und rechts bestimmen und daher die Richtung und das Alter einer Spur erkennen. Hunde hören auch außergewöhnlich gut. Mit ihren beweglichen Ohrmuscheln können sie eine Geräuschquelle zuverlässig orten. Ein Hund kann Schwingungen im Bereich von Ultraschall und Infraschall wahrnehmen. Da hören Menschen längst nichts mehr.

Wie lebt ein Polizeihund?

Ein Polizeihund arbeitet wie ein normaler Beamter im Schichtdienst und lebt zusammen mit seinem Hundeführer. Er wohnt bei seinem Herrchen zu Hause, das er als Leittier anerkennt. Futter und Tierarztkosten übernimmt die Polizeibehörde. Einmal im Jahr muss jeder Diensthund zur Fortbildung. Meist verlässt ein Polizeihund den aktiven Dienst nach sechs bis acht Jahren.

Unglaublich! In 150 Ländern der Erde kennt man Kommissar Rex.

Ein gutes Team
Schauspielhund B.J. als Rex und Tobias Moretti als Kriminalinspektor Richie Moser.

Wie läuft die Hundeausbildung ab?

Der Weg zum Diensthund beginnt mit einem Grundlehrgang, der zehn oder elf Wochen dauert und mit der Prüfung zum Schutzhund endet. Am Anfang üben die Vierbeiner vor allem, sich unterzuordnen und Fährten zu suchen. Der Hund lernt, wie er vermisste Personen aufspüren kann und wie er einen Täter stellt und verbellt. Der Hund muss sich gut im Griff haben: Wenn der Mensch nicht wegläuft, darf der Hund ihn keinesfalls angreifen. Auf dem Lehrplan steht weiterhin, wie er verlorene Gegenstände sucht, Hindernisse meistert, seinen Herrn verteidigt oder »bei Fuß« läuft.

Immer der Nase nach: Auch bei der Vermisstensuche im Dickicht bewegt sich der Rettungshund sicher.

Die Fortbildung zum Spürhund

Hunde mit einem ausgeprägten Spiel- und Beutetrieb erhalten eine Spezialausbildung, die etwa drei Monate dauert. In Spiel- und Suchübungen gewöhnen sich zukünftige Spürhunde an den Geruch von Rauschgift, Sprengstoff und anderen Duftproben. Das Tier zeigt seinem Führer durch Vorsitzen und Kratzen ein erschnüffeltes Versteck an. Leichenspürhunde riechen sogar durchs Wasser aufsteigende Gase! Obwohl Hunde 25 000 verschiedene Gerüche unterscheiden können, sind Spürhunde Spezialisten. Ein Rauschgiftsuchhund kann also nicht einfach so als Leichensuchhund eingesetzt werden.

Polizeihund beim Lawinentraining. Die Lebensretter riechen durch Schneemassen hindurch.

Funny Fact

Luise das Polizeischwein

In Niedersachsen tat das Polizeischwein Luise Dienst. Schweine haben nämlich noch empfindlichere Nasen als Hunde und hecheln bei heißem Wetter nicht, sondern wühlen brav. Luise fand ein Drogenversteck sogar noch unter einem Misthaufen. Luise ist trotz ihrer Erfolge das einzige Wildschwein im Polizeidienst geblieben. Hunde sind einfach vielseitiger als Schweine.

▶ Schon gewusst?

Nicht jede Hunderasse eignet sich für den Polizeidienst. Am besten passen Deutscher und Belgischer Schäferhund, da Hunde dieser Rassen besonders lernfreudig sind.

24 / Polizei – immer vor Ort

Wenn ein Unfall geschieht

Über 2,4 Millionen Verkehrsunfälle zählte die Polizei im Jahr 2012 in Deutschland. Das sind rund 6 500 an jedem Tag im Jahr. Kein Wunder, dass die Verkehrspolizei alle Hände voll zu tun hat. Die Verkehrspolizei gehört zur Schutzpolizei und ist speziell ausgerüstet. Einen uniformierten Verkehrspolizisten erkennst du ganz leicht: Er trägt eine weiße Schirmmütze. Die Aufgabe der Verkehrspolizei ist es, für die Sicherheit auf Deutschlands Straßen zu sorgen. Sie führt Verkehrskontrollen durch und zieht Raser und Berauschte aus dem Verkehr, damit weniger Unfälle passieren. Sie prüft auch die technische Sicherheit von Fahrzeugen und kümmert sich um die Verkehrserziehung. Kleinere Unfälle mit geringem Sachschaden bearbeiten die Schutzpolizisten der Polizeireviere selbst. Für schwere Unfälle sind die Spezialisten der Verkehrspolizei zuständig. Sie zeichnen die Sachlage genau auf. Denn die wichtigsten Fragen nach einem Unfall sind: Was ist passiert? Wer ist schuld? Wer muss den Schaden bezahlen? Um sie zu beantworten, braucht es hieb- und stichfeste Beweise. Diese müssen am Unfallort sichergestellt und anschließend dokumentiert werden. Nur so kann man den Unfall später noch nachvollziehen.

Tatort Unfallstelle

Hier hat es schlimm gekracht! Drei Pkw sind zusammengestoßen. Auch ein Fahrrad war am Unfall beteiligt. Der Radfahrer ist glücklicherweise nur leicht verletzt. Das Vorderrad seines Fahrrades ist aber schrottreif. Sofort wird ein Rettungswagen alarmiert, der die Verletzten versorgt. Dann beginnt die Dokumentation: Sechs Beamte der Verkehrspolizei ermitteln, wie es zum Unfall kommen konnte.

Ist die Polizei schneller zur Stelle als der Notarzt, kümmert sie sich um die Verletzten. Alle Polizisten haben daher einen Erste-Hilfe-Kurs gemacht.

Vor Ort arbeiten die Polizisten daran, die Unfallursache zweifelsfrei festzustellen. Dazu untersuchen sie die Unfallstelle genauestens, machen Fotos und Skizzen, befragen die Beteiligten und Zeugen und erfassen die Spuren.

Winterreifen sind Pflicht. Auf eisglatten Straßen ist die Unfallgefahr extrem hoch.

Das Warndreieck
Der Aufsteller zeigt ein Bild, das jeder verstehen kann.

Die Polizisten fertigen eine Skizze von den Bremsspuren und der Lage der Fahrzeuge an. Unterschiedliche Reifenspuren erzählen viel über die Sekunden vor dem Aufprall. Das können Blockier-, Brems- oder Schleuderspuren sein. Sie geben Hinweise auf Geschwindigkeiten, Richtungen und Fahrdynamik vor dem Unfall.

➤ Schon gewusst?

Unfälle sind nicht immer Zufälle. Um ihren Ursachen auf die Spur zu kommen, führt die Polizei Unfallsteckkarten: Auf Stadtplänen und Landkarten markiert sie den Ort und die Art eines Unfalls mit farbigen Stecknadeln. Wenn es an einer Stelle besonders viele Unfälle gibt, schlägt die Polizei bauliche Veränderungen wie einen Kreisverkehr oder eine Ampel vor.

Sofort sichern die Beamten die Unfallstelle mit Warnhütchen, Warndreieck und Signallampen.

Auf der Fahrbahn befinden sich manchmal Brems- und Schleifspuren oder ausgelaufene Flüssigkeiten. Wenn diese Spuren zum Unfallgeschehen gehören, werden sie mit Blockkreide markiert. Dann vermessen die Verkehrspolizisten die Unfallstelle.

Wenn die Straße zum Tatort wird

Mit der Winkerkelle signalisiert die Polizei ein Haltegebot.

Ein Raser verursacht auf einer Landstraße einen schweren Verkehrsunfall. Er flüchtet unerkannt. Durch seine Flucht begeht er eine schwere Straftat. Erst Minuten später entdeckt ein Lkw-Fahrer die verunfallten Autos und ruft Polizei und Notarzt. Am Unfallort finden sich winzige metallicblaue Lacksplitter. Reichen sie aus, um den Täter zu entlarven? Die Analysearbeit der Spezialisten beginnt. Zu welchem Autotyp gehört der Lack? Welches Baujahr hat das Fahrzeug? Das Lichtmikroskop macht den Aufbau des Splitters genau sichtbar. Der Computer vergleicht die Messungen mit den gespeicherten Daten von mehr als 8 000 Lackarten. Jeder Lack hat ein eigenes Muster. Um den Hersteller des Autotyps zu finden, sind aber zusätzliche Analysen nötig. Die Suche nach dem Täter geht weiter.

Was macht die Autobahnpolizei?

Die Autobahnpolizei bekämpft die Kriminalität auf den Autobahnen. Da passieren Diebstähle und Schmuggel. Bei Viehtransporten kommt es zu Tierquälerei und manchmal werden sogar Menschen geschleust. Auch im Verkehrsbereich ist die Arbeit der Autobahnpolizisten vielseitig. Sie sichern und beseitigen gefährliche Stellen, nehmen Unfälle auf und überwachen Geschwindigkeiten sowie Sicherheitsabstände zwischen den Fahrzeugen. Eine besondere Rolle spielt die Kontrolle von Lkw. Halten die Fahrer die vorgeschriebenen Ruhezeiten ein? Ist die Ladung sachgemäß gesichert und hat sie das zulässige Gewicht?

ProViDa – Rasern auf den Fersen

Normalerweise fahren Autobahnpolizisten in Streifenwagen. Manche Beamten aber fahren Autos, die man nicht als Polizeiwagen erkennen kann. Es sind die ProViDa-Spezialisten. Das Proof Video Data System ist ein mobiles Verkehrsüberwachungssystem. Damit werden Verkehrssünder schnell erwischt und ihr Verhalten wird durch Filme auch dokumentiert. Videokameras in Front und Heck des Autos, ein Bordcomputer und der Rekorder im Kofferraum machen das technisch möglich. Die 200 PS starken Autos der ProViDa-Beamten nehmen es mit Rasern ohne Probleme auf. Damit sie selbst keinen Unfall verursachen, haben die Beamten Hochgeschwindigkeits- und Schleuderkurse gemacht. Sie sind ausgezeichnete Fahrer!
Ein metallicblauer Pkw fährt mit 185 Stundenkilometern dicht auf den Wagen vor ihm auf. Er bedrängt ihn mit der Lichthupe und wechselt dann auf die linke Spur. Die Polizisten heften sich an den Raser. Sie filmen und messen sein Fahrverhalten. An der nächsten sicheren Stelle ziehen sie ihn aus dem Verkehr. Die Beamten halten dem Fahrer seine Verstöße vor und zeigen ihm den Videomitschnitt. Später übergeben sie die beweiskräftigen Aufnahmen den zuständigen Behörden. Moment mal ... woher kommen die Lackschäden vorne am Kotflügel des metallicblauen Flitzers? Die Beamten fragen den mobilen Fahndungscomputer ab. Tatsächlich: Es gibt einen Eintrag! So kann auch gleich die Unfallflucht auf der Landstraße aufgeklärt werden.

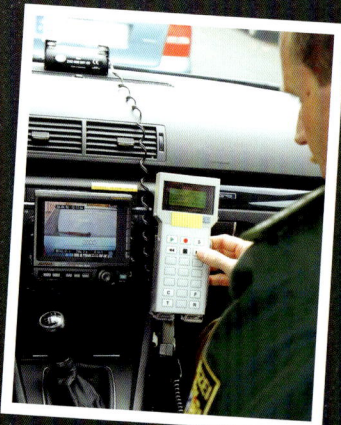

ProViDa macht mit Rasern kurzen Prozess.

Polizisten in der Schule

Verkehrserzieher kennst du vielleicht schon aus dem Kindergarten und der 1. Klasse. Es sind besonders geschulte Polizisten, die den Kindern erklären, wie man sich im Verkehr richtig verhält und bewegt. Verkehrsregeln sind ja so etwas wie Spielregeln, die du erlernst, um ein guter Verkehrsteilnehmer zu werden. Dabei geht es vor allem darum, wie man im Straßenverkehr richtig miteinander umgeht und aufeinander achtet. Denn in vielen Situationen ist es vor allem wichtig, sich auf einen Mittelweg zu verständigen und auf den anderen Rücksicht zu nehmen. Neben dem Schulwegtraining in der 1. Klasse bereiten dich die Verkehrserzieher in der 4. Klasse auf die Fahrradprüfung vor.

Radar

Radar ist eine weitverbreitete Funk-messtechnik. Wenn ein Fahrzeug die Messschwelle überschreitet, löst das eine Fotokamera aus. Das Auto wird »geblitzt«. Radargeräte können fest in Radarboxen oder mobil in Polizeiwagen montiert sein.

Am Laserhandmessgerät bekommt man im Winter schon mal kalte Finger.

Laserpistole – mit Lichtgeschwindigkeit messen

Moderne Laserpistolen erfassen bis auf 1 000 Meter alle Fahrzeuge, die auf sie zufahren oder sich von ihnen entfernen. Das Lasergerät sendet Messstrahlen aus, die vom vorbeifahrenden Fahrzeug zurückgeworfen werden. So kann man dessen Geschwindigkeit messen. Temposünder werden nicht »geblitzt«, sondern gleich angehalten und zur Kasse gebeten.

Verkehrserziehung: sicher zur Schule, sicher nach Hause.

Ein Beamter vom Bundesamt für Güterverkehr winkt einen Lkw zur Überprüfung heraus.

Wasserschutzpolizei und Küstenwache

Blauer Himmel, die See ist ruhig. Es ist ein freundlicher Tag vor der Nordseeküste – doch der Schein trügt! Ein Polizeihubschrauber hat ein Frachtschiff entdeckt, das Öl oder Chemikalien verliert. Der Pilot hat die Leitstelle der Wasserschutzpolizei alarmiert, die sofort ein Küstenboot losgeschickt hat. Einige Beamte gehen an Bord des Frachters, um in diesem Fall zu ermitteln.

Welche Aufgaben hat die Wasserschutzpolizei?

Umweltschutz ist eine wichtige Aufgabe der Wasserschutzpolizei. Auch Unfälle können schwere Wasserverschmutzungen verursachen, zum Beispiel durch leckgeschlagene Tanks. Auf Gewässern gibt es wie auf dem Land Straßen und Verkehrsregeln. Für die Sicherheit im Schiffsverkehr sorgt die Wasserschutzpolizei. Sie patrouilliert mit Booten in den Häfen und auf den Wasserstraßen der Seeschifffahrt bis zwölf Seemeilen (22,22 Kilometer) vor der Festlandküste.

Wasserschutzpolizist
Mit dem Tochterboot des Polizeiboots ist der Wasserschutzpolizist zum lecken Frachter gefahren. Hier nimmt er die Ermittlungen auf.

Ölspur
Mineralöl bedroht Fische und Wasservögel erheblich.

Schon gewusst?

Deutschlands Festlandküste ist etwa 1 200 Kilometer lang. Die zentrale Leitstelle der Wasserschutzpolizei der fünf norddeutschen Küstenländer befindet sich in Cuxhaven. Ein Frachter mit Gefahrgut muss begleitet werden? Eine Segeljacht ist gekentert? Alle Meldungen werden an die Leitstelle gesendet. Und dann sind da noch die über 7 000 Kilometer Wasserstraße auf Flüssen und Kanälen. Die Wasserschutzpolizei kontrolliert hier regelmäßig Papiere, Fahrzeiten, Personal und technische Ausrüstung.

Die Küstenwache

Seit 1994 gibt es die Küstenwache. Hier arbeiten Bundespolizei, Zoll, Fischereischutz und Umweltbundesamt eng zusammen. Die Küstenwache verfolgt Straftaten, überwacht Fischfangquoten und prüft auch die Größe der Fangnetzmaschen, damit Jungfische nicht gefangen werden. Auch bei Umweltvergehen und in Katastrophenfällen ist die Küstenwache zur Stelle.

Raser auf dem Wasser?

Auf fast allen deutschen Wasserstraßen bestehen Tempolimits. 100 Meter vor dem Ufer darf höchstens neun Stundenkilometer schnell gefahren werden. Das ist sinnvoll, denn Hafenanlagen und Tiere in den Uferzonen sollen vor zu großem Wellenschlag geschützt werden.

Was macht ein Polizeitaucher?

Polizeitaucher haben einen sehr harten Job. Bei jedem Wetter müssen sie ins Wasser – egal ob es schmutzig oder sauber ist. Im Visier der Tauchergruppen sind immer häufiger Schiffe, die heimlich Abfälle ins Wasser kippen. Aber auch das Bergen von Leichen gehört zu ihrer Arbeit. In Hafenstädten wie Hamburg suchen Polizeitaucher die Bordwände nach geschmuggelten Drogenpaketen ab. In der Elbe müssen sie den Schiffsrumpf abtasten, weil die Sichtweite unter Wasser nur etwa 30 Zentimeter beträgt. Außerdem untersuchen die Taucher bei wichtigen Staatsbesuchen die Rümpfe nach Sprengsätzen. Im Bodensee fahnden Polizeitaucher nach Sprengmitteln und Waffen aus den Weltkriegen, die nach Jahrzehnten immer noch hochexplosiv sind.

Polizeitaucher mit gelbem Sichtroboter, der Bilder aus der Tiefe liefert.

Das Polizeiboot

Das seetaugliche Boot besitzt einen hohen Radarmast. Die Wasserschutzpolizei verfügt auch über Binnenschiffe und -boote.

Angeberwissen

▶ Blau-weiße Streifenboote überwachen den Schiffsverkehr auf dem Rhein. Die Dieselmotoren der fast 18 Meter langen Boote schaffen rund 45 Stundenkilometer. Sie sind mit Tageslichtradar, Telefon, Polizeifunk und Computer ausgerüstet.

▶ Noch schneller sind die Speed-Schlauchboote der Hamburger Wasserschutzpolizei. Sie beschleunigen bis auf 65 Stundenkilometer. So können die Beamten auch die schnellen Sportboote auf der Elbe kontrollieren.

Polizei – immer vor Ort

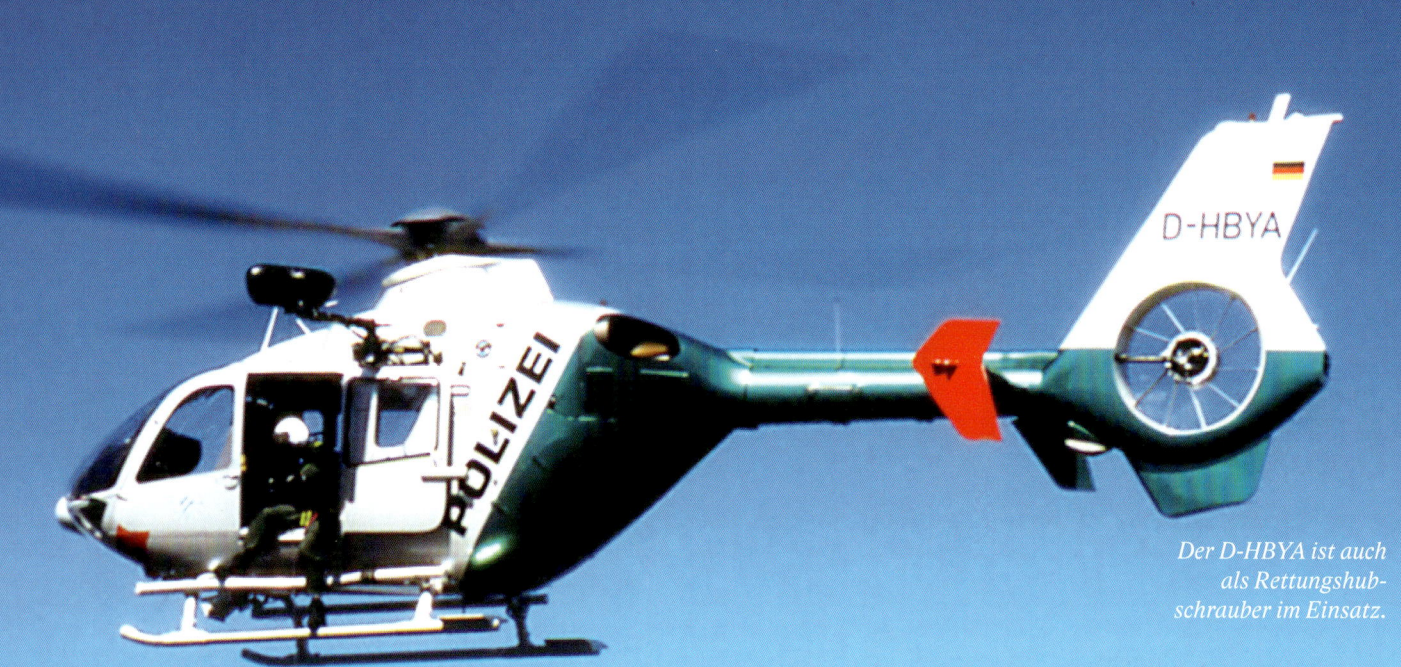

Der D-HBYA ist auch als Rettungshubschrauber im Einsatz.

Die Hubschrauberstaffeln der Polizei

Hubschrauber eignen sich hervorragend für die polizeiliche Fahndung und Überwachung: Sie sind sehr wendig und brauchen wenig Platz für die Landung. Sie schweben im Standflug in der Luft oder fliegen so tief und langsam, dass die Polizisten beobachten können, was sich auf dem Boden ereignet. All das wäre mit einem Flugzeug nicht machbar. Hubschrauber können Spezialeinheiten bei Geiselnahmen, Entführungen oder Fahndungen in kürzester Zeit zum Einsatzort bringen. Aber auch Flüge zur Verkehrsüberwachung oder die Suche nach Umweltsündern gehören zum Alltag. Bei Großveranstaltungen liefern die Hubschrauber mit ihrer modernen Bildübertragungstechnik wichtige Erkenntnisse.

> **Schon gewusst?**
>
> *Jede Hubschrauberstaffel hat einen eigenen Funkrufnamen. In Bayern heißen sie »Edelweiß«, in Nordrhein-Westfalen »Hummel« und in Niedersachsen »Phönix«.*

Ein SEK-Beamter übt das Abseilen im Schwebestand.

Im Cockpit dient ein Bordcomputer dem schnellen Auffinden von Einsatzorten. Immer mit dabei: Wetterradar, Funk und Navigation.

Wärmebildkameras
zeichnen ein Falschfarbenbild von einem Gegenstand oder Lebewesen, indem sie ausschließlich dessen Wärmeverteilung zeigen. Jeder Temperatur entspricht eine bestimmte Farbzone. Dabei zeigt Rot eine warme Fläche und Blau eine kalte.

Angeberwissen

▶ Ein moderner Hubschrauber kann in sieben Minuten jeden Punkt in Hamburg anfliegen. Und auch für eine Strecke wie Düsseldorf – Dortmund braucht er nur elf Minuten.

Supertalent Polizeihubschrauber: Was kann er leisten?

Hören kann man in einem Helikopter kaum etwas, es ist nämlich ohrenbetäubend laut. Aber für das Sehen und Gehörtwerden sind die Hubschrauber überlegen ausgerüstet:

▶ **Wärmebildkameras** spüren Menschen auf: Vermisste ebenso wie flüchtige Täter. Die Bilder werden sofort in Echtzeit an ausgerüstete Fahrzeuge oder Einsatzzentralen übertragen.

▶ **Nachteinsätze** sind kein Hindernis. Nachtsichtgerät und BIV-Brille (Bildverstärkerbrille) verstärken Restlicht (zum Beispiel Mondschein) so stark, dass man sich auch im Dunkeln gut orientieren kann.

▶ **Bewegliche Suchscheinwerfer** beleuchten den Boden.

▶ **Zahlreiches Rettungsgerät** und eine Seilwinde helfen bei Bergungen.

▶ Mit dem **Spezialfernglas** kann man noch aus 150 Metern Höhe Kfz-Kennzeichen von Autos ablesen.

▶ **Nichtöffentlicher BOS-Funk** (**B**ehörden und **O**rganisationen mit **S**icherheitsaufgaben) hält die Verbindung zu Kollegen und Führung.

▶ Unter dem Hubschrauber ist eine **Außenlautsprecheranlage** montiert: »Achtung, Achtung! Hier spricht die Polizei!«

Der Star unter den Helikoptern
Der Eurocopter (EC) ist mit einem Antikollisionssystem ausgerüstet. Er merkt, wenn ein Zusammenstoß droht, und warnt den Piloten. Er kann dem anderen Flugobjekt sogar selbstständig ausweichen! Der EC kann zwölf Polizisten mit kompletter Ausrüstung transportieren. Seine Höchstgeschwindigkeit liegt bei superschnellen 320 Stundenkilometern.

Kripo und SEK

Die Ersten am Tatort

Die Kriminalpolizeien der Bundesländer beschäftigen sich mit der Verhütung und Verfolgung von Straftaten. Sie tauschen sich über die LKAs und das BKA länderübergreifend aus, denn Straftäter machen nicht an Landesgrenzen halt.

Was ist ein Verbrechen?

Ein Verbrechen ist ein schwerwiegender Verstoß gegen die Rechtsordnung oder die Grundregeln des menschlichen Zusammenlebens. Um ein Verbrechen zu sein, muss eine Tat
- vom Gesetzgeber als kriminell eingeordnet,
- mit Strafe bedroht und
- schuldhaft begangen worden sein.

Besonders schwere Verbrechen bezeichnet man auch als Kapitalverbrechen. Das kommt vom lateinischen Wort »caput« für »Kopf«, weil dem Kapitalverbrecher früher der Verlust des eigenen Lebens als Strafe drohte.

Was passiert beim »ersten Angriff«?

Es ist gerade kurz nach Mitternacht, da klingelt in der Einsatzzentrale des Kriminaldauerdienstes (KDD) das Telefon. Es wurde eingebrochen – in ein Einfamilienhaus! Die vier mutmaßlichen Täter sind flüchtig. Die Fahndung läuft schon. Für zwei Beamte vom KDD bedeutet das: Pizza liegen lassen und rein in den Einsatzwagen. Nicht alle Verbrechen geschehen tagsüber, aber auch Kriminalpolizisten haben mal Feierabend. In den langen Stunden zwischen 17 Uhr nachmittags und 5 Uhr morgens steht daher in größeren Städten der Kriminaldauerdienst (KDD) bereit für den »ersten Angriff«.

Mit der Kriminaldienstmarke und dem Dienstausweis weisen sich Kripobeamte aus.

Spurennummern
Beweisstücke werden am Tatort mit Nummern gekennzeichnet.

Patronenhülse
Das einzigartige Muster des Pistolenlaufs findet sich auf der Patronenhülse. Damit kann die Tatwaffe gefunden werden.

Zollstock
Auf Tatortfotos müssen die Abstände zwischen Beweismitteln genau nachvollziehbar sein.

Darunter versteht man »alle unaufschiebbaren Feststellungen und Maßnahmen zur Aufklärung einer Straftat«. Der KDD klärt die Fälle nicht auf. Er sichtet und bewertet die Lage und die Spuren, solange diese noch frisch sind, und gibt die ersten Erkenntnisse an die Kommissariate weiter.

Wie arbeiten die Kriminalisten am Tatort?

Sorgfältige Tatortarbeit entscheidet oft darüber, ob ein Fall aufgeklärt werden kann. Die Kriminalisten verschaffen sich zunächst einen Überblick und fotografieren den Tatort und wichtige Details. Aus den Fotos, einer Tatortskizze und schriftlichen Notizen wird das Geschehen rekonstruiert. Auch kriminaltechnische Fachleute werten den Tatort aus: Gerichtsmediziner, Tatortzeichner oder Daktyloskopen – sie sind Experten für Fingerspuren.

Die Beamten der Spurensicherung untersuchen einen Tatort auf kleinste Spuren. Sie werden einzeln in Tüten verpackt und im kriminaltechnischen Labor analysiert.

Zeugenaussagen sind Angaben zur Sache, die zur Aufklärung einer Straftat beitragen. Die Ohrenzeugin hat etwas gehört, aber nichts gesehen.

Der Zustand eines Tatortes wird mit der Kamera genau dokumentiert.

Um keine falschen Spuren, sogenannte Trugspuren, zu hinterlassen, beachten die Polizeibeamten am Tatort strenge Verhaltensregeln:
- ruhig und überlegt vorgehen
- den Tatort zuerst mit Augen und dann mit Füßen betreten
- je unklarer die Lage, desto weiträumiger muss gesichert werden
- Einsatzfahrzeuge nicht unmittelbar an den Tatort bringen
- nur Dinge an den Tatort bringen, die benötigt werden
- keine Einrichtungen am Tatort nutzen (Toiletten, Bad oder Mülleimer)
- nicht essen, trinken oder rauchen
- nichts anfassen, verändern oder verlegen
- notwendige Veränderungen markieren und dokumentieren
- gefährdete oder flüchtige Spuren notsichern
- unbeteiligte Personen höflich des Ortes verweisen
- keine Fallbeurteilungen in Hörweite Beteiligter abgeben
- nichts liegen lassen

Kripo und SEK

Die Arbeit hinter dem Absperrband beginnt.

Fundortmarkierung eines Beweisstücks

Die Beamten tragen sterile Tyvek-Anzüge aus feinsten Fasern, um keine Trugspuren zu hinterlassen.

Wer klärt das Verbrechen auf?

Der Kriminaldauerdienst gibt den Fall weiter – an die sogenannten Fachkommissariate der Kriminalpolizei. Diese Kommissariate sind nach den Straftaten benannt, die sie bearbeiten. Das Kommissariat Kapitaldelikte beschäftigt sich beispielsweise mit Mord, Sexualverbrechen sowie Brandstiftung und Sprengstoffdelikten – alles Kapitaldelikte. Andere Fachabteilungen gehen gegen Rauschgiftkriminalität oder gegen Betrug, Umwelt- und Internetstraftaten vor. In besonders schwierigen Fällen werden manchmal Sonderkommissionen gebildet, in denen über 100 Polizisten zusammenarbeiten können. Die bekanntesten Kommissariate sind die Kriminalkommissariate.

Es gibt sie auch in den Polizeiwachen vor Ort. Sie bearbeiten die Alltagskriminalität, also Delikte wie Sachbeschädigung, Schwarzfahren oder Ladendiebstahl. Wichtig ist die enge Zusammenarbeit mit der Schutzpolizei und der Staatsanwaltschaft: Wenn es gelingt, einen Tatverdächtigen zu identifizieren oder genau zu beschreiben, wird er zur Fahndung ausgeschrieben.

Suchen mit System – die Fahndung

Fahnden heißt suchen – und zwar planmäßig und gezielt. Es gibt je nach Zweck verschiedene Fahndungsarten: Die Ring- und die Zielfahndung sind wie eine Jagd. Grenz-, Schleier- und Rasterfahndung ähneln mehr

Zollbeamte bei der Vernichtung von Schmuggelware (auf der Baggerschaufel).

einem Sieb. Bei schweren Straftaten wie Entführung oder Bankraub wird eine aufwendige Ringfahndung ausgelöst, aber nur, wenn seit der Tat weniger als 30 Minuten vergangen sind. Polizeibeamte postieren sich dann an festgelegten Punkten. Ihre Fahndungsringe umzingeln den Tatort im Umkreis von 20, 30, 40 und 50 Kilometern. Bekannte und gefährliche Straftäter jagt die Polizei intensiv mit einer Zielfahndung. Bei der Grenzfahndung werden die Grenzübergänge überwacht; bei der Schleierfahndung kontrolliert man Personen in einer 30-Kilometer-Zone vor der Grenze (»Sicherheitsschleier«). Die computergestützte Rasterfahndung wird eingesetzt, wenn eine Zielperson nicht bekannt ist. Die Polizei filtert Datenbanken nach Merkmalen, die vermutlich auf den Täter zutreffen.

Ermittlungen – den Verdächtigen auf der Spur

Bevor die Kriminalisten ihre Ermittlungen in einem Fall beginnen, legen sie in einem Untersuchungsplan fest, in welche Richtungen sie ermitteln wollen. Alles beginnt mit der Tatortuntersuchung. Dann befragen die Beamten viele Menschen, um Zeugen und Tatverdächtige zu finden. Besteht gegen eine Person ein dringender Tatverdacht, beantragt der Staatsanwalt einen Haftbefehl. Wird der Tatverdächtige festgenommen, sind die Ermittlungen noch lange nicht zu Ende: Hat der Verdächtige die Tat wirklich begangen? Er wird von den Beamten verhört. Welches Tatmotiv könnte vorliegen? Sein Alibi wird überprüft und er wird den Zeugen vorgeführt. Der Erkennungsdienst beschäftigt sich zeitgleich mit der Spurensuche, Spurensicherung und Spurenauswertung. Erkennungsdienst und Kriminalbeamte arbeiten sehr eng zusammen.

Nach Täterbeschreibungen von Zeugen wird ein Phantombild zusammengestellt.

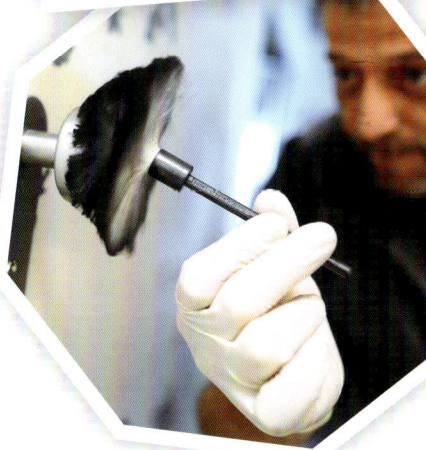

Ein Rußpinsel hat Tausende Härchen. Der Ruß bleibt am Hautfett haften, das eine Fingerberührung hinterlässt.

Spurensicherungskoffer

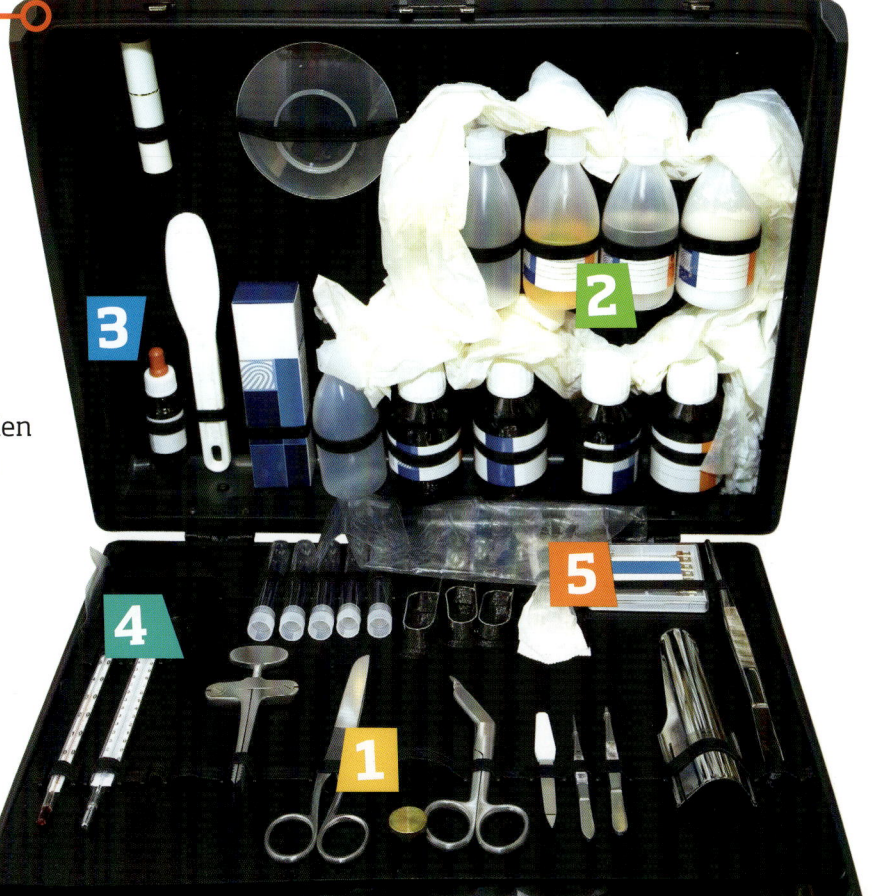

1 Schere zum Entfernen von Kleidungsresten

2 Chemische Lösungen und Alkohol zum Sichern von Spuren

3 Eukalyptusöl zum Einträufeln in den Mundschutz gegen Fäulnisgeruch

4 Leichenthermometer zur Bestimmung des Tatzeitraums

5 DNA-Entnahmekit

Sachbeweise – stumme Tatzeugen

Ob Fasern oder Lacksplitter, die Vergrößerung macht alles sichtbar.

Kriminalpolizisten können einen Fall rasch lösen, wenn der Täter ein Geständnis ablegt und dieses nicht widerruft. Andernfalls müssen sie dem Verdächtigen die Tat nachweisen. Wie gelangt die Kripo zu einer schlüssigen Beweiskette? Die Locard'sche Regel besagt, dass jede Tat, besonders eine Gewalttat, Spuren hinterlassen muss. Diese gilt es zu finden und zu sichern. Spuren sind Sachbeweise: Die stummen Zeugen, die niemals vergessen. Edmond Locard (1877–1966) war Jurist und Mediziner in Lyon. Der Pionier der wissenschaftlichen Kriminalistik wird auch der französische Sherlock Holmes genannt.

Handabdruck
Fingerabdrücke sind beim BKA digital gespeichert. Sie sind ein Werkzeug für den Erkennungsdienst.

Digitalisierter Fingerabdruck
Die Verzweigungen (Minutien) der Rillen sind auch bei eineiigen Zwillingen unterschiedlich.

Fingerabdrücke – klare Beweise

Fingerabdrücke sind eindeutige Sachbeweise. Die Hautmuster an den Fingerkuppen sind nämlich bei jedem Menschen einzigartig. Man kann daher anhand der Fingerabdrücke die Identität eines Menschen feststellen. Das kriminalistische Verfahren heißt Daktyloskopie. Um einen verborgenen Fingerabdruck sichtbar zu machen, bestäuben die Kriminaltechniker Gegenstände mit Rußpulver. Die nun sichtbaren Fingerabdrücke werden mit einem Klebestreifen aufgenommen.

Genetischer Fingerabdruck

Aus kleinsten Resten von Blut, Haut oder Speichel lässt sich ein genetischer Fingerabdruck gewinnen. Er enthält die unverwechselbare DNA, das menschliche Erbgut, das in jeder Körperzelle vorhanden ist. Für einen genetischen Fingerabdruck holen Gerichtsmediziner die DNA aus den Zellkernen der sichergestellten Gewebeproben. Der Vergleich mit den Speichelproben Verdächtiger kann auch noch viele Jahre nach einer Straftat sehr verlässlich zum Täter führen.

Mikrospuren

Woher stammt die Textilfaser? Etwa aus der Kleidung des Verdächtigen? Um dies zu erfahren, wird die Textilfaser genau analysiert. Unter dem Rasterelektronenmikroskop (REM) wird dies sichtbar. Die winzige Faserspur wird darin von einem scharf gebündelten Elektronenstrahl zeilenförmig abgetastet und sehr stark vergrößert.

➡ **Rekord 300 000-mal**

vergrößert ein REM eine Probe. Die Bilder sind superscharf. Im großen Bild siehst du die Vergrößerung eines Haares.

Handschriften

Auch Handschriften kann man analysieren. Um herauszufinden, wer eine Mitteilung geschrieben hat, vergleichen und analysieren Experten Schriftbilder. Sie nehmen an, dass jede Handschrift typische Merkmale besitzt, die sich nicht verbergen lassen. Zunächst untersuchen die Kriminaltechniker die Verteilung der Schriftzeichen auf dem Papier. Dann untersuchen sie Formen von einzelnen Buchstaben wie Schleifen, Winkel, Abstände, Höhe und Breite. Das Computersystem FISH (**F**orensisches **I**nformations-**S**ystem **H**andschriften) vermisst Schriftproben sogar vollautomatisch. So lässt sich auch eine gefälschte Unterschrift entlarven.

Stimmanalyse

Anhand von Stimmaufnahmen arbeiten Kriminalisten einen »Steckbrief« für die Stimme eines Menschen aus: Welche Wörter verwendet der Sprecher? Wie spricht er? Dies lässt Schlüsse über Alter, Herkunft und Bildung zu. Auch die Höhen und Tiefen einer Stimme kann man messen. All das ergibt ein individuelles Stimmprofil.

Deinen Fußabdruck kannst du auch selbst mit Gips und einem Rahmen ausgießen und abnehmen.

Ballistik

Patronenhülsen geben Aufschluss über die verwendete Waffe. Schusswaffenexperten (Ballistiker) können sogar noch auf den Splittern eines Geschosses Abriebspuren aus dem Pistolenlauf erkennen. Unter einem Vergleichsmikroskop legen die Ballistiker das Geschoss und die möglichen passenden Laufmuster nebeneinander, um herauszufinden, welcher Waffentyp verwendet wurde. Hinweise geben auch sogenannte Schmauchspuren. Solche Pulverspuren verraten, wie weit die Waffe bei der Abgabe des Schusses vom Opfer entfernt war.

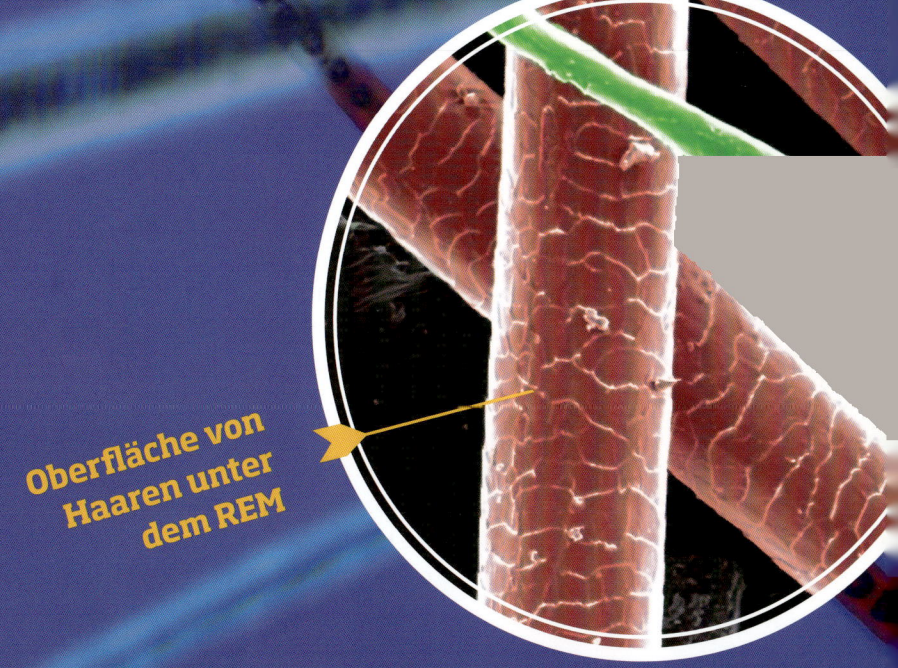

Oberfläche von Haaren unter dem REM

Die Aufklärung von Straftaten

INPOL – das ist ein riesiges Computernetz, in dem das Bundeskriminalamt laufend alle wichtigen Meldungen über Straftaten und Straftäter sammelt. 180 000 Arbeitsplätze sind in Deutschland dafür ausgerüstet, auf INPOL zuzugreifen. Von der Funkstreife bis zur Grenzkontrolle am Flughafen können sich Polizisten rasch über die Identität einer verdächtigen Person vergewissern.

Weltweit vernetzt

Das BKA führt auch die DNA-Analyse-Datenbank der Kriminalpolizei. Sie ist ein wichtiges Hilfsmittel, um Wiederholungstätern auf die Schliche zu kommen. Die Fingerabdrücke von drei Millionen Straftätern sind im Automatisierten Fingerabdruck-Identifizierungs-System (AFIS) gespeichert. Beim Bundeskriminalamt steht auch der zentrale Fahndungscomputer der deutschen Polizei. Wer oder was wird gesucht? Besteht ein Haftbefehl? Wie sieht die Person aus? Solche Fragen beantwortet er in Sekundenschnelle, denn auch erkennungsdienstliche Lichtbilder sind hier gespeichert. Polizisten aus 25 europäischen Staaten können hier Fahndungsdaten abfragen. So erfährt zum Beispiel ein Polizist auf der Insel Malta in Sekundenschnelle, ob er es gerade mit einem viel gesuchten Betrüger zu tun hat oder mit einem harmlosen Urlauber.

Biometrie

Die Biometrie ist die Lehre von der Vermessung von Lebewesen. Biometrie bedeutet auch die automatisierte Erkennung von Individuen durch ihre biologischen Eigenheiten. Nicht nur die Fingerabdrücke und die Stimme eines Menschen sind einzigartig, sondern auch die Iris im Auge, das Netz der Adern und die sogenannte Gesichtsgeometrie, also die Abstände von Augen, Nase und Mund.

Was macht ein Fallanalytiker?

Fallanalytiker, in Krimis auch Profiler genannt, werden bei schweren Verbrechen eingesetzt. Sie zeigen ihren Kollegen neue Ermittlungsansätze auf, indem sie Fälle neu betrachten und bewerten. Außerdem arbeiten sie Täterprofile aus und stellen fest, ob eine Straftat Teil einer Serie ist. Fallanalytiker sind aber keine Hellseher oder Psychologen. Sie studieren alle objektiven Daten einer Tat und versuchen, ein Täterprofil oder einen Typ abzugrenzen. Dabei nehmen sie Erkenntnisse der Soziologie und der Kriminologie zu Hilfe. Das Ergebnis einer Fallanalyse kann zum Beispiel dazu führen, dass in einer bestimmten Region bei allen Männern zwischen 50 und 60 Jahren ein DNA-Test durchgeführt werden soll, weil man vermutet, dass der Täter unter ihnen sein könnte.

Von Fall zu Fall: ViCLAS

Ein tolles Werkzeug für Fallanalytiker ist die Falldatenbank ViCLAS. Sie kommt aus Kanada. Hier ist jedes Detail eines Gewaltverbrechens vermerkt. Serienstraftäter gehen meist nach einem bestimmten Muster vor. ViCLAS sagt den Ermittlern zu einem Mordfall, wie viele unaufgeklärte Morde an welchen Tatorten ein übereinstimmendes Muster aufweisen und somit einem Verdächtigen zugeordnet werden können.

Vermessung der Handlinien und Speicherung der Messergebnisse.

Die Multistückelungsmaschine ist mit Sensoren ausgestattet, die Falschgeld in 99,99 Prozent der Fälle erkennen.

Internetkriminalität und Handygewalt nehmen erschreckend stark zu.

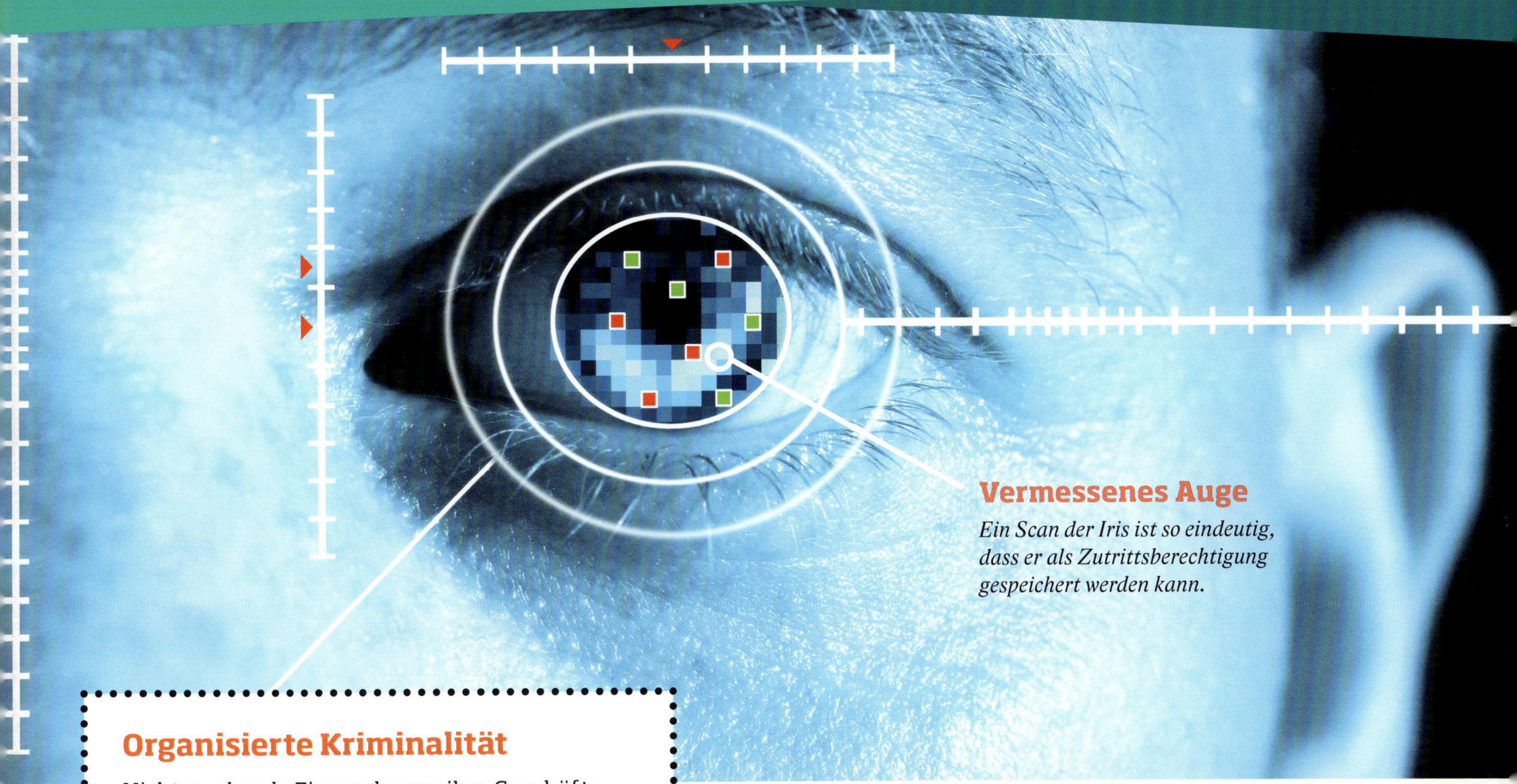

Vermessenes Auge
Ein Scan der Iris ist so eindeutig, dass er als Zutrittsberechtigung gespeichert werden kann.

Organisierte Kriminalität

Nicht nur legale Firmen bauen ihre Geschäfte seit etwa 1990 rund um den Globus aus, auch illegale Geschäfte werden weltweit von »Verbrecherfirmen« organisiert. In der organisierten Kriminalität geht es um viel Geld, das mit abscheulichen Verbrechen ergaunert wird: Menschenhandel, Kinderschändung, Autodiebstahl, Internetkriminalität, Waffen- und Drogenhandel, Geldwäsche, Geldfälschung und Schmuggel. Damit Fahndung, Aufklärung und Verfolgung solcher Verbrechen nicht an der Staatsgrenze einzelner Länder haltmachen müssen, gibt es zwei besondere Polizeibehörden: Interpol und Europol. Sie unterstützen die Polizeien ihrer Mitgliedstaaten bei deren Arbeit.

Europol

Seit 1999 bekämpft das Europäische Polizeiamt in Den Haag, kurz Europol, das organisierte Verbrechen und den Terrorismus. An Europol sind alle Mitgliedstaaten der Europäischen Union (EU) beteiligt. Die Behörde sammelt Informationen und erstellt Täterprofile. Rund 100 Europol-Analytiker werten diese rund um die Uhr aus. Die Daten speisen die nationalen Polizeibehörden in ein automatisiertes System ein.

Interpol

1956 wurde Interpol gegründet. Es ist ein weltweites Fahndungsnetz, dem 190 Staaten angehören. Das Hauptquartier befindet sich in Lyon (Frankreich), das deutsche Zentralbüro beim BKA in Wiesbaden. Unter dem Motto »Connecting police for a safer world« (Die Polizeien verbinden für eine sicherere Welt) fördert Interpol die internationale Zusammenarbeit zwischen den Polizeibehörden. Interpol setzt allerdings selbst keine Polizeibeamte ein, sondern liefert vor allem Informationen über gesuchte Verbrecher. Außerdem analysiert man hier übergreifend aktuelle Kriminalitätstendenzen weltweit.

Bei Interpol laufen die Fäden von Kriminalfällen aus aller Welt zusammen.

Kriseneinsatz: das SEK

Die Sturmhaube schützt die Identität des SEK-Beamten.

Gepanzerter Sonderwagen für neun Bereitschaftspolizisten.

Sie sind Elite-Polizisten. Sie wurden für extreme Einsätze trainiert. Sie können sich nicht den kleinsten Fehler erlauben. In ihrem Job ist Irren tödlich: die Männer im Spezialeinsatzkommando.

Wann wird das SEK aktiv?

In den 1970er-Jahren kam es zu Banküberfällen mit Geiselnahme und Antiterroreinsätzen, die chaotisch endeten. Deshalb beschlossen 1974 die Innenminister der Bundesländer, Spezialeinheiten aufzustellen, die Kriseneinsätze besser bewältigen. Seitdem werden SEK-Beamte bei Entführungen, Tötungsdelikten oder Selbstmordversuchen eingesetzt. Sie gehen gegen bewaffnete Banden vor, vollstrecken Haftbefehle an besonders gefährlichen Straftätern und bewachen Staatsbesuche. Verhandlungsgruppen (VG) und Technische Einsatzgruppen (TEG) begleiten die SEK-Einsätze, wenn es notwendig ist. Spezialeinsatzkommandos gibt es in allen deutschen Großstädten. Die Identität der Beamten bleibt geheim. Sie sollen nicht erkannt werden. Sie sind einheitlich ausgebildet und ausgerüstet, denn sie kommen bundesweit zum Einsatz.

Der Verhandler: Reden statt Gewalt

Bei Selbstmordversuchen, Verbarrikadierungen, Entführungen und Geiselnahmen kommen zuerst Verhandler zum Einsatz. Menschen, die sich das Leben nehmen wollen, versucht der Verhandler durch gutes Zureden von ihrer Verzweiflungstat abzubringen. Insbesondere Geiselnahmen sind häufig keine geplanten Straftaten, sondern Panikreaktionen der Täter. Sie wollen sich aus einer ausweglosen Lage freipressen. Ein Beispiel: Bankräuber sind langsamer als die Polizei, die das Bankgebäude bereits umstellt hat. Die Bankräuber verschanzen sich im Innern und nehmen alle, die gerade im Raum sind, als Geiseln. Der Verhandler versucht nun, mit den Tätern ins Gespräch zu kommen. Der psychologisch ausgebildete Beamte hat gelernt, sich in die Gefühlswelt von Tätern und Opfern hineinzudenken. Zunächst muss der Verhandler die Absichten des Täters herausfinden. Gleichzeitig beruhigt er ihn, um Schlimmeres zu verhindern. Auch wenn der Täter nicht aufgibt, kann ein Verhandler dazu beitragen, dass sich die Situation der Geiseln erheblich verbessert und sich die gesamte Lage entspannt. Gewalt sollte immer der allerletzte Ausweg sein.

Hier bahnt sich eine bewaffnete Auseinandersetzung an. Zwei der acht Beamten sichern die Stellung mit Schilden.

Unglaublich!
In den »Belastungswochen« der Ausbildung bekommen Nachwuchs-SEKler kaum Schlaf, müssen aber körperliche Höchstleistungen erbringen und Schmerzen klaglos aushalten.

Der Schutzschild hält sogar Gewehrgeschosse ab!

Die großen Schilde bieten zwei Männern hohe Sicherheit.

Die Übung
An alten Plattenbauten üben SEKler, sich vom Dach abzuseilen und gegenseitig zu sichern.

Schilde sind Schutzwaffen, die vor allem von der Bereitschaftspolizei eingesetzt werden.

Zugriff erfolgt! SEK und Bombenentschärfer

SEK-Beamte sind massiv ausgerüstet, um unberechenbare Täter in jeder denkbaren Situation unter Kontrolle zu bringen. Insgesamt wiegt ihre Ausrüstung zwischen 12 und 15 Kilogramm. In den zahlreichen Taschen (mit Klettverschluss) der taktischen Einsatzweste und in Holstern sind Werkzeuge und Waffen untergebracht, die im Einsatz dringend gebraucht werden. Zum Beispiel Reservemagazine, Pfefferspray, Taschenlampe, Schlagstock, verschiedene Pistolen, aber auch Schreibzeug. Knieschoner schützen die Knie, wenn der Beamte in gebückter Haltung vorrücken muss. Die Stiefel sind leicht und elastisch, ihre Sohlen leise und rutschfest. Auch eine Ramme gehört zur Ausrüstung, um Türen aufbrechen zu können. Die kriegerisch wirkende Ausrüstung und Maskierung der SEK-Beamten verfolgt nicht nur praktische Zwecke. Sie soll Straftäter auch einschüchtern und zum Aufgeben bewegen.

Helm
mit Funkgerät und Gehörschutz. Gewicht: drei Kilogramm!

Sturmhaube und Gasmaske
schützen, lassen aber auch weniger Luft durch.

Jackentasche
mit Blendgranaten, Rauchgranaten, Werkzeug, Funksprechgerät, Verbandpäckchen und Taschenmesser.

Schussweste
verteilt die Energie eines Geschosses auf eine möglichst große Fläche und schwächt sie so ab.

Sturmgewehr
Je nach Einsatzlage werden Gewehre, Maschinenpistolen oder Pistolen verwendet.

Overall
Er ist reißfest und Feuer abweisend.

Handschuhe
aus robustem Leder.

Teil des Sportprogramms: Vier Meter am Seil in die Höhe – aber ohne Nachhilfe durch die Beine.

Roboter bleiben immer cool.

Wie werden SEK-Beamte ausgebildet?

SEK-Einsätze verlaufen häufig als Überraschungsangriff: schnell und hochpräzise. Dafür werden die Beamten zunächst einige Monate lang ausgebildet, dann folgt eine ständige Fortbildung und Auswertung der Übungen. Nur wer besondere körperliche Fitness, Nervenstärke, gutes Urteilsvermögen und Teamfähigkeit mitbringt, hat Chancen, SEK-Beamter zu werden. Bewerberinnen müssen körperlich genauso leistungsfähig sein wie ihre männlichen Kollegen, weshalb die meisten Frauen den Eignungstest nicht bestehen können. Die Ausbildung bringt die zukünftigen SEK-Beamten gezielt an ihre Belastungsgrenzen. Im Ernstfall müssen sie als perfekt eingespieltes Team unter extremem Stress funktionieren. Die SEK-Anwärter lernen, wie man in Gebäude eindringt, schnell klettert und mit verschiedenen Feuerwaffen schießt. Jiu-Jitsu und ein Risikofahrtraining sind ebenfalls Teil des Programms. Die zentrale Fortbildungsstelle für Spezialeinheiten (FSE) bietet Schießstände, einen Sprengübungsplatz, eine Hindernisbahn und einen Fahrparcours. In der FSE sind auch Polizeien anderer Länder zu Gast.

➔ Schon gewusst?

Zwischen 23 und 34 Jahre alt sind die SEK-Bewerber und nur jeder Dritte schafft es in die Auswahl. Mit 45 ist mit aktiven SEK-Einsätzen in der Regel Schluss. Dann kann ein »alter Hase« eine Laufbahn als Ausbilder für die jüngeren Kollegen einschlagen.

Mit einem Spezialspiegel wird der Unterboden eines Fahrzeugs auf Sprengmittel abgesucht.

Bombenentschärfer – Maschinen kennen keinen Schmerz

Bombenentschärfer arbeiten meistens in Zweierteams. Die Sprengstoffexperten kennen sich in Physik und Chemie aus. Wichtigste Eigenschaften für einen guten Bombenentschärfer sind Besonnenheit und gesunde, warnende Angst. Sobald die Polizei die Gefahrenzone weiträumig abgesperrt hat, rücken die Bombenentschärfer mit ihrer rollenden Werkstatt und 35 Kilogramm schweren Schutzanzügen an. Der »dritte Mann« im Team heißt Theo. Er ist 1,50 Meter groß, 360 Kilogramm schwer und von Beruf Sprengroboter. Das Sensorauge des ferngesteuerten Entschärfungsroboters Theo (Telerob Explosive Ordnance Disposal and Observation Robot) röntgt das verdächtige Objekt zunächst. Sein drei Meter langer Multifunktionsarm greift Werkzeuge wie Fensterbrecher oder Akkubohrer aus dem Werkzeugmagazin. Theo ist sehr talentiert: Er kann schneiden, bohren, schweißen, heben und tragen. Er kann so fein arbeiten, dass er Dinge sogar millimetergenau platzieren kann. Sprengsatz gefunden? Theo zerstört ihn selbst – und die Gefahr ist gebannt! So rettet Theo Menschenleben.

Der Weg in den Polizeidienst

Figur aus Pappe für das Schießtraining

Um das Gleichgewicht gut halten zu können, braucht man Kraft.

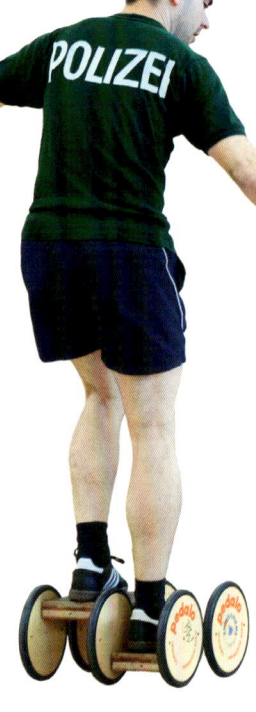

Für viele Schulabgänger und Schulabgängerinnen ist es ein Traumberuf: der Dienst bei der Polizei. Die einen würden gerne Uniform tragen, andere möchten ihre Mitmenschen beschützen und manche entscheiden sich nach den Schnuppertagen bei der Polizei ganz anders.

Wer eignet sich für den Polizeiberuf?

Polizist – einer der interessantesten Berufe! Die vielfältigen Aufgaben machen den Beruf des Polizisten sehr spannend: Unfälle bearbeiten, Vermisste suchen, in einem Mordfall ermitteln. Dieser Beruf hat viele Seiten. Egal, in welchem Bereich ein Polizist arbeitet, er braucht immer Freude am Umgang mit Menschen, Entscheidungsfreudigkeit, Gesprächsbereitschaft, Stressbelastbarkeit, Reaktionsschnelligkeit und ein gutes Gedächtnis. Unabhängig davon müssen künftige Polizisten noch weitere Bedingungen erfüllen: Die Bewerberin oder der Bewerber dürfen keine Vorstrafen haben und brauchen einen Schulabschluss. Hat er oder sie die schriftliche, mündliche und sportliche Aufnahmeprüfung bestanden, dann kann es auch schon losgehen mit der Polizeiausbildung.

Die Polizisten trainieren, die roten Flächen zu treffen.

Auf zum Schießtraining! Das Üben mit dem Video hilft in der Praxis.

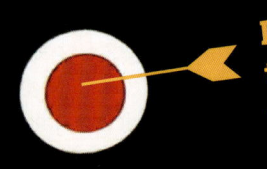

Auf der Polizeischule

Ungefähr 20 Fächer stehen auf dem Stundenplan der Polizeianwärter: Von Taktik und Strategie bis hin zu Rechtskunde, Schusswaffentraining und Selbstverteidigung. So vielfältig ist der Beruf des Polizisten! Wer noch nicht Auto fahren kann, muss es bis zum Abschluss der Ausbildung auf eigene Kosten lernen. Ein praxisnahes Fahr- und Sicherheitstraining wird zusätzlich angeboten. Auch Sozialkunde, Englisch und Informatik stehen auf dem Lehrplan – sowie ein gründlicher Kurs zur Ersten Hilfe. Nach bestandener Prüfung werden die Anwärter zur Polizeimeisterin oder zum Polizeimeister befördert. Es folgt die Versetzung zur Schutzpolizei oder zur Bereitschaftspolizei, wo das Lernen für die Nachwuchspolizisten weitergeht.

Polizeischülerinnen und -schüler bei einer praktischen Übung an einem Bahnhof (oben) und im IT-Klassenzimmer beim Unterricht in einem theoretischen Fach wie Kriminalistik (rechts).

Um Angreifer abwehren zu können, üben die Polizeianwärter Verteidigungshaltungen. Sie erlernen Kampfsportarten wie Jiu Jitsu, die waffenlose Kunst der Selbstverteidigung.

Ein gefährlicher Beruf?

Dass die Beamten der Spezialeinsatzkommandos gefährlich leben, liegt auf der Hand. Die Erfahrung hat aber gezeigt, dass der Streifendienst die größten Risiken für die Polizisten birgt. Meist sind es Schutzpolizisten, die bei Kontrollen auf öffentlichen Plätzen und in Wohngebieten angegriffen werden. Die Polizei beklagt, dass es immer häufiger zu Beleidigungen und tätlichen Angriffen Beamten gegenüber kommt. 2012 wurden in Nordrhein-Westfalen 15 Polizisten im Dienst schwer verletzt. Man zählte fast 6 000 Straftaten gegen Polizeibeamte. Fast immer ist dabei Alkohol im Spiel. Polizeibeamte haben in der Ausbildung gelernt, ihr Einschreiten rasch und sorgfältig abzuwägen. Doch auf der Straße fängt das Lernen noch einmal von vorne an. Tagtäglich mit Lügen, Verwahrlosung und menschlichen Abgründen zu tun zu haben, verändert das Menschenbild. Ebenso ist es emotional belastend, erschütternde Nachrichten zu überbringen und bei häuslicher Gewalt einzugreifen. Polizisten haben wenig Freizeit, die sie schwer planen können, denn sie sind immer auf Abruf. All das leisten sie für ein mäßiges Gehalt, um Sicherheit und Ordnung in Deutschland aufrechtzuerhalten. Kein leichter Job!

Beruf Polizist

Polizisten gibt es überall!

Scotland Yard

Warum heißt der Londoner Metropolitan Police Service (MPS) Scotland Yard? Die erste Adresse des 1829 gegründeten Polizeidienstes lautete »Great Scotland Yard«. Das war eine Straße im Londoner Stadtteil Whitehall. Schon bei seiner Gründung hatte Scotland Yard 1 000 Polizeibeamte.

Gendarmerie

Das Wort »Gendarmerie« leitet sich vom französischen Begriff »gens d'armes« ab und bedeutet »Männer in Waffen«. Eine Gendarmerie gibt es auch in Italien: die Carabinieri. Eine Spezialeinheit der Carabinieri ist die Gruppo Intervento Speziale (GIS). Diese polizeiliche Antiterroreinheit bekämpft heute vor allem die Mafia.

FBI

Zu den berühmtesten Polizeibehörden der Welt gehört das FBI (**F**ederal **B**ureau of **I**nvestigation), die Bundeskriminalpolizei der USA. Das Hauptquartier in Washington D.C. steuert 56 Außenstellen (Field Offices) und rund 400 Ortsbüros. Zwei Arten von Beschäftigten teilen sich beim FBI die Arbeit: die Special Agents und das technische Personal. Vorrangig sind die Special Agents auf den Gebieten Terrorismus, Wirtschaftskriminalität und organisiertes Verbrechen tätig. Das FBI-Laboratorium gehört zu den größten kriminaltechnischen Labors weltweit.

Auch die Beamten des FBI müssen sich jederzeit ausweisen können.

Chinesische Streifenpolizisten mit ihren Schäferhunden.

Bombay City Police
Kamele und Reiter sind festlich geschmückt. Die indische Bombay City Police heißt heute Mumbai Police und zählt 40 000 Mann.

Ganz in Rot
Sie sind noch berühmter als kanadischer Ahornsirup: die Mounties, offiziell die Royal Canadian Mounted Police (Königliche Kanadische Berittene Polizei), kurz RCMP. Die Polizisten hoch zu Ross sind ein lebendiges Wahrzeichen. Kein Wunder, dass man sie auch auf Postkarten bewundern kann! Ihre berühmte Paradeuniform besteht aus einem roten Uniformrock mit breitkrempigem Hut. Die RCMP wurde 1873 gegründet.

Zwei Polizistinnen in Sri Lanka gehen mit Maschinenpistolen Streife.

Salt Lake City: Ein Beamter von der Autobahnpolizei (Highway Patrol).

Glossar

Autobahnpolizei: Die Autobahnpolizei klärt Verbrechen auf den deutschen Autobahnen auf. Zu ihren Aufgaben gehören die Verkehrs- und Fahrzeugkontrolle.

Ballistik: Griechischer Begriff für die »Wissenschaft der geworfenen Körper«. Ballistiker untersuchen Kugeln und Patronenhülsen aus Schusswaffen, die am Tatort gefunden werden.

Bereitschaftspolizei (BePo): Speziell uniformiert und bewaffnet, hilft die Bereitschaftspolizei bei besonderen Großeinsätzen und beim Katastrophenschutz.

Bundeskriminalamt (BKA): Das BKA ist eine Informationsstelle der Polizei für ganz Deutschland. Es bekämpft deutschlandweit Terrorismus, Drogenhandel und organisierte Kriminalität.

Bundespolizei (BPol): Sie überwacht die deutschen Grenzen, schützt den Luftverkehr und kontrolliert als Bahnpolizei die Bahnhöfe, alle Züge und ihre Passagiere.

Daktyloskopie: Griechisch für »Fingerschau«. Daktyloskopen beschäftigen sich mit Fingerabdrücken. Durch den Fingerabdruck kann ein Täter eindeutig identifiziert werden.

Einsatzleitstelle: Nimmt Anrufe und Meldungen entgegen. Mithilfe von gezielten Fragen verschaffen sich die Leitstellenbeamten einen Überblick über die Situation und schicken die entsprechenden Einsatzkräfte los.

Europol: Die Polizei der EU. Sie analysiert Daten und unterstützt damit die Mitgliedstaaten der EU. Außerdem bekämpft sie besonders internationale Verbrechen und Terrorismus.

Fahndung: Polizeiliche Suche nach Personen oder Sachen.

Genetischer Fingerabdruck: Sogenannte DNA-Spuren sind genauso eindeutig wie ein normaler Fingerabdruck und können aus Blut, Speichel, Haaren oder Hautteilchen gewonnen werden.

Gewaltenteilung: Teilung der Staatsmacht. Die Aufgaben des Staates werden in drei Bereiche aufgeteilt: Exekutive (ausführende Gewalt), Judikative (Rechtsprechung) und Legislative (Gesetzgebung). So besitzt niemand die alleinige Macht.

Gewaltmonopol: Die Bürger übertragen dem Staat die Macht, ihre Rechte zu verteidigen und sie zu schützen, im Notfall mit Gewalt. Sie verzichten darauf, selbst Gewalt anzuwenden. Der Staat hat also das Gewaltmonopol inne.

Interpol: Organisation, die bei der Zusammenarbeit zwischen Polizeien aus unterschiedlichen Ländern hilft und Informationen sammelt und weitergibt.

Kapitalverbrechen: Eine besonders schwere Straftat, die früher mit dem Tod bestraft wurde.

Kommissariat: Die Kommissariate sind Teil der Kriminalpolizei. Sie bearbeiten jeweils ein bestimmtes Verbrechensgebiet wie Mord oder Drogenhandel.

Kriminaldauerdienst (KDD): Der »Bereitschaftsdienst« der Kriminalpolizei. Er ist rund um die Uhr besetzt und daher oft zuerst am Tatort.

Kriminalpolizei (KriPo): Die Beamten der Kriminalpolizei tragen keine Uniform, sondern ermitteln in Zivilkleidung. Sie bearbeiten Straffälle und sind auch für längere Ermittlungen zuständig.

Küstenwache: Zusammenschluss aus Bundespolizei, Zoll, Fischereischutz und Umweltbundesamt. Die Küstenwache verfolgt Straftaten auf dem Wasser, kontrolliert den Fischfang und hilft bei Katastrophen.

Locard'sche Regel: Sie wurde nach dem Franzosen Edmond Locard benannt und besagt, dass jede Tat Spuren hinterlässt.

Militär: Das Militär verteidigt und schützt Deutschland gegenüber anderen Staaten.

Notwehr: Jeder Bürger darf sich wehren, wenn er selbst angegriffen wird – auch wenn er dafür Gewalt anwenden muss.

Ordnungswidrigkeit: Eine kleine Rechtsverletzung, die nur mit Bußgeld bestraft wird.

Polizeistaat: In einem Polizeistaat kann die Polizei willkürlich und ohne gesetzliche Grundlage handeln. Deutschland ist kein Polizeistaat.

Schutzpolizei (SchuPo): Sie kümmert sich um die öffentliche Sicherheit und Ordnung. Schutzpolizisten fahren Streife und verfolgen Ordnungswidrigkeiten.

Spezialeinsatzkommando (SEK): Speziell ausgebildete und ausgerüstete Einheiten, die in Krisensituationen wie Entführungen oder Geiselnahmen zum Einsatz kommen.

Verbrechen: Eine Rechtsverletzung, die mit mindestens einem Jahr Freiheitsstrafe bestraft wird.

Vergehen: Eine Rechtsverletzung, die mit geringer Freiheitsstrafe oder Geldstrafe bestraft wird.

Verhandler: Mitglied des SEK. Ein Verhandler ist psychologisch ausgebildet und versucht, mit Straftätern oder Selbstmördern zu verhandeln und sie gewaltlos zum Aufgeben zu bringen.

Verkehrspolizei: Die Verkehrspolizisten überwachen den Verkehr und verfolgen Verkehrsstraftaten.

Wasserschutzpolizei (WaPo): Sie überwacht den Schiffsverkehr und kümmert sich um den Umweltschutz.

Band 120

Bildquellennachweis:
Bundeskriminalamt: 14or, 15ol, 15or, 15ml, Bundespolizeipräsidium: 13ur, 31om, ddp images: 35ul (J. Koehler), 44mr (N. Millauer), Deutscher Bundestag/Simone M. Neumann: 14um, Eurocopter: 31ur, Getty: 3um (D. Macdonald), 3ur (Digital Vision.), 11or (H. Meyer), 11um (Keystone-France), 11ur (F. Ramage), 26 (Hg. - R. Mansi), 36or (D. Scharf), 37ur (M. Suchea/Cultura Science), 39ur (J. Ksiazek), 46mr (Education Images/UIG), 46ur (Digital Vision.), 47om (Huw Jones), 47ul (D. Macdonald), 47um (Indranil Mukherjee), HMdIS: 7ur (R. Hövelmann), 30ur, iStockphoto: 10om (S. Gallup/Getty Images), 13m (ollo), 40ml (code6d), Picture Alliance: 1 (O. Berg), 4mr (P. Zinken), 7o (B. Marks), 10um (Rohwedder), 10mr (M. Gambarini), 13ol (M. Gambarini), 13ml (M. Hiekel), 14ml (M. Deak), 16or (A. Dedert), 16mr (B. Settnik), 17om (Polizeipräsidium Regensburg), 19um (M. Hiekel), 20om (C. Jaspersen), 21ol (B. Settnik), 21 (Hg. - A. Weigel), 22ul, 23or (S. Puchner), 23ml (S. Puchner), 23um (M. Führer), 25m (A. Weigel), 25or (P. Schulze), 26mr (M. Führer), 26/27um (P. Seeger), 27or (K. Remmers), 27um (M. Reichel), 27ur (M. Reichel), 29or (P. Seeger), 31ol (B. Wüstneck), 33or (P. Eckenroth), 33um (B. Pedersen), 34ol (P. Zinken), 34or (A. Heimken), 35mr (J. Stratenschulte), 37or (T. Steyer), 38mr (M. Meissner), 41om (J. Lübke), 41ul (C. Rehder), 42mr (F. Tschauner), 42ur (U. Deck), 44or (A. Burgi), 45or (D. Karmann), 45mr (D. Karmann), 45ml (R. Haid), 45um (K. Franke), 46ul (W. DONGJUN), Pixelio Media GmbH: 4um (Rike), 7mr (Backes), 16/17 (Meister), Polizei Bayern: 2/3um (München), 4mm, 12ur (München), 21or (München), 21ml, 27mm (München), 30, 35or (Nürnberg), 43um, Shutterstock: 3or (Peshkova), 12/13 (Tafeln - Kostenko Maxim), 32 (Hg. - Kristina Postnikova), 35ur (Dario Sabljak), 36mr (Peshkova), 36ul (kilukilu), 37mr (aletermi), 41 (Hg. - K. Mazurowska), 44ul (Pack-Shot), 46ol (pjhpix), 47or (J. Richards), Tack, Jochen: 3ml, 8um, 40ul, 43ol, Tessloff: 2mr, 6or, 7mm, 8mr, 18/19 (Polizist), 19om, 20ul, 26or, 32or, 40ol, 44ur, 47ur (Still aus DVD Polizei), Thinkstock Images: 2ml (Jupiterimages), 4/5 (Hg. - Jupiterimages), 12or, 13 (Hg. - A. Nika), 15 (Hg. - J. Samsonov), 17ur (A. Samokhvalov), 22or (M. Wisniewska), 37ml (P. D bowski), 38or (A. Piatt), 39o (T. Lorna), 42m (D. Kosti), 43or (Jflaurin), 48or (J. Samsonov), www.polizeiberatung.de: 9, 33ul, 38ur

Umschlagfotos: Picture Alliance (U1: J. Woitas, U4: A. Weigel)
Gestaltung: independent Medien-Design
Illustrationen: Raphael Volery
Copyright © 2013 TESSLOFF VERLAG, Burgschmietstraße 2–4, 90419 Nürnberg
www.tessloff.com
Die Verbreitung dieses Buches oder von Teilen daraus durch Film, Funk oder Fernsehen, der Nachdruck, die fotomechanische Wiedergabe sowie die Einspeicherung in elektronische Systeme sind nur mit Genehmigung des Tessloff Verlages gestattet.
ISBN 978-3-7886-2047-9

   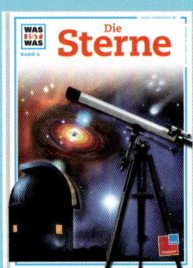  
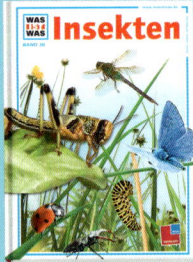    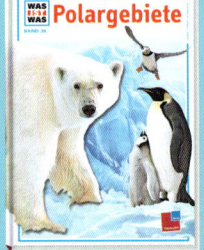 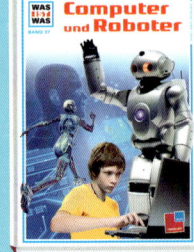
 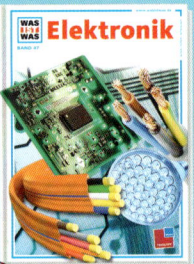  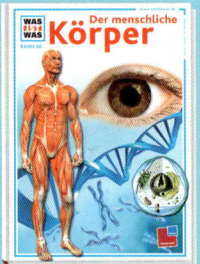 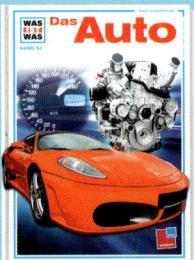 
 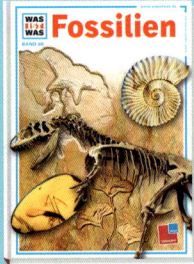    
 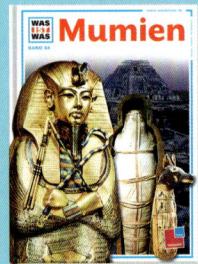   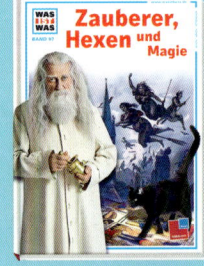 
 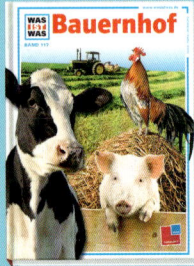   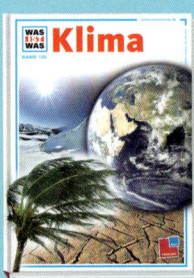